幼儿教师国家培训计划（2013年）
——农村幼儿园中青年骨干教师置换脱产研修培训项目

走在幼师置换培训的春天里

Zouzai Youshi Zhihuan Peixun de Chuntianli

主编　卢清

西南交通大學出版社
·成都·

图书在版编目（CIP）数据

走在幼师置换培训的春天里 / 卢清主编. —成都：西南交通大学出版社，2015.1
ISBN 978-7-5643-3560-1

Ⅰ. ①走… Ⅱ. ①卢… Ⅲ. ①幼师人员－师资培训 Ⅳ. ①G615

中国版本图书馆 CIP 数据核字（2014）第 271014 号

走在幼师置换培训的春天里

主编　卢　清

责任编辑	李晓辉
助理编辑	梁　红
封面设计	米迦设计工作室
出版发行	西南交通大学出版社 （四川省成都市金牛区交大路 146 号）
发行部电话	028-87600564　028-87600533
邮政编码	610031
网　　址	http: //www.xnjdcbs.com
印　　刷	四川省印刷制版中心有限公司
成品尺寸	170 mm×240 mm
印　　张	11.75
字　　数	260 千字
版　　次	2015 年 1 月第 1 版
印　　次	2015 年 1 月第 1 次
书　　号	ISBN 978-7-5643-3560-1
定　　价	52.00 元

卷首语

茫茫人海中，借助幼师国培，我们相遇。佛说，百年修得同船渡。温暖的问候，温和的建议，温馨的鼓励，乐着相同的乐，苦着相同的苦，共享一个志同道合的家园，不再觉得孤单，可不可以说这就是国培的现实意义？

满意而不满足，每个人的心中都藏有一个理想身份。借助培训平台，我们遇见了未来的自己，认清了前进的方向，拥有了前行的动力。即便现在生活绑架了你，即便你还没来得及好好领略培训所带来的成长喜悦，就被迫结束了培训的行程。没关系，无论何时，当你对理想的自己产生渴望，当你期待梦想实现，请回到这里，回到曾经的幼师国培，你一定能找到同行者，一定不觉得孤单，可不可以说这就是幼师国培的长远意义？

希望幼师国培不仅仅是你人生路过的风景，更期待它能成为你人生路上的永恒站点。有许多的优秀教师就是缘于一次邂逅成长，也许你愿意认识他们，也许你愿意成为他们。

序　言

为贯彻落实《国务院关于当前发展学前教育的若干意见》（国发〔2010〕41号）和《财政部、教育部关于加大财政投入支持学前教育发展的通知》（财教〔2011〕405号），加强农村幼儿教师队伍建设，提高农村幼儿教师素质，教育部、财政部决定从2011年起实施“中小学教师国家级培训计划”，简称“国培计划”。2011年9月5日，教育部、财政部下发《关于实施“幼儿教师国家培训计划”的通知》（教师〔2011〕5号文件）。此次培训以《幼儿园教育指导纲要（试行）》《幼儿园工作规程》《“国培计划”课程标准（试行）》为培训准则，基于幼儿园骨干教师的发展水平与现实需求，以全面提高保教水平与专业能力为宗旨，采取院校集中研修与优质幼儿园“影子教师”相结合的方式，通过专家引领、自主研修，以问题为导向的综合式培训，紧密结合农村实际需求，以建设高素质农村教师队伍和为农村教育发展服务为目标，切实提升参训教师的职业素养，以及科学、合理地组织实施保育、教育工作的能力。通过开展与实施“国培计划”，培训一批“种子”教师，使他们在园本培训和园本教研中发挥骨干示范作用。

2013年7月12日，“‘国培计划’（2012）——农村幼儿园中青年骨干教师置换脱产研修培训项目西华师范大学培训班”正式开班，来自四川省南充市、遂宁市、德阳市三个市的农村幼儿园骨干教师100人，汇聚南充市西华师范大学，拉开了为期100天的精彩培训生活的序幕。

“‘国培计划’（2013）——农村幼儿园中青年骨干教师置换脱产研修培训项目西华师范大学培训班”的实施，针对农村幼儿园教师的实际情况，对参训教师进行学前教育课程知识拓展、学前教育教学理论、幼儿园教育教学活动组织与设计、幼儿教师师德等方面的培训，提高了农村骨干教师的教育教学水平，帮助幼儿园骨干教师总结教育经验，探索教育规律，提高教育理论和学术水平，实现从教育理念到行为的转化，从行为到技能再到教育风格的提升，实现从实践到理论的跨越，更新他们的幼教知识结构，增强他们的知识更新能力，提升其教育能力、教研能力，培养其开拓创新精神和崭新的个性风格。

本次培训在内容组织和安排上坚持教学设计与实践需求相互协调的动态设计思路，以问题为中心，以案例为载体，以实践为指向，以分析、解决教育教学实际问题和总结教育教学经验为主旨。

本次培训坚持以人为本、按需施教、注重实效、理论联系实际的培训模式。培训期间，注重专家引领和自主研修相结合，注重多样化专题研究与参训教师实际需求相结合，注重观摩学习与实际操作、课题研究相结合，注重理论探讨与互动交流相结合，注重培训与考核相结合，坚持教学实践与教学反思相结合。

经过周密计划、精心组织与实施，在为期 100 天的培训中，聘请省内外学科专家共 33 名，其中来自省外的专家占培训专家总数的 45%，来自幼儿园的一线教师占培训专家总数的 48%。专家专题讲座 30 场，幼儿教育学科专业主题研讨、参与式讨论共 13 场，观摩优质示范教学活动 9 次，组织参观了南充市莲池幼儿园、西华师范大学附属幼儿园、仪凤街幼儿园、南充市职业技术学院幼儿园等幼儿园的一日常规活动、园本教研活动，培训实施方案主题鲜明、内容丰富、形式灵活多样，深得培训学员的好评。

本次集中培训期间，累计完成学习心得 340 多篇，上交小组研讨报告 110 份，截至 2013 年 11 月 10 日，学员累计学习达 369 课时，全部学员圆满完成培训任务，获得结业证书。在培训过程中，我们不断总结“国培计划”经验，固化培训效果，推广和提升培训辐射范围。本次出版的《走在幼师置换培训的春天里》是“国培计划”（2013 年）培训成果的显性成果之一，是培训经验的总结和提炼，也是培训学员所学、所思、所研的重要记录载体。我们期待本书的出版能够为以后的“幼儿教师国培”提供借鉴，为其他幼儿教师学习、反思、比照自身实践，不断提高教师素养提供显性资源条件，为推动“国培计划”项目实施的规范化、标准化、科学化提供案例反思和经验借鉴。

本书收录了培训专家的专题讲座，培训学员在培训期间的优秀案例、环创作品，培训学员在分组研讨和专题反思中的优秀文章，以及培训学员在培训期间学习和反思的部分优秀作品。

全书共分四章，第一章为本次培训项目专题讲座、一线优秀教师示范课展示；第二章为学员风采展示，收集了培训学员培训期间的优秀环创作品、玩教具作品；第三章介绍国培历程，阐述国培期间大家的所思所想、说课评课、心得反思；第四章为介绍专业成长的心路历程，主要是学员在集中培训后对自己教学实践的案例分析和理论提升。

2014.3

目　录

“国培计划（2013）——四川省农村幼儿园骨干教师置换脱产研修项目西华师范大学培训班开班典礼

2013 年 7 月 12 日上午，“‘国培计划’——农村幼儿园骨干教师置换脱产研修项目西华师范培训班开班典礼”在西华师范大学第二学术厅隆重召开。

出席本次开班典礼的领导有四川省教育厅师范处胡成华副处级调研员，西华师范大学副校长、培训中心主任彭正松教授，西华师范大学教师教育学院院长赵正教授，教师教育学院党总支书记唐赟教授，教师教育学院副院长成云教授，教育学院副院长邹霞教授，教育学院副书记徐东教授，教育学院副院长陈仕品教授，首席专家卢清教授等。

典礼由西华师范大学培训中心副主任、教师教育学院党总支书记唐赟博士主持。来自德阳、南充、达州等地区的 157 位农村幼儿园骨干教师和班主任等参加了本次培训。

典礼会上，副校长彭正松教授致欢迎辞。他代表西华师范大学对前来培训的学员表示最热烈的欢迎和最诚挚的问候，对前来指导培训工作的领导及专家表示衷心的感谢；介绍了学校近年来在学校建设、教学发展、科研成果上取得的成就，同时对新学员提出了希望。

教育学院副院长邹霞教授代表教育学院对前来参加培训的老师表示热烈欢迎，并介绍了教育学院的基本情况。邹院长希望学员们能够通过此次培训丰富自身的知识结构，学习新颖、先进的教学理念，做到学思结合；同时，期望通过本次训，将所学知识转变为自己的教学智慧。

什邡市第二幼儿园副园长张弘代表学员作了精彩发言。他承诺所有学员在培训期间会严格遵守学习制度，以强烈的责任感、使命感参加培训的各项活动，发扬艰苦奋斗的精神，努力学习修研，圆满完成此次培训任务，进而以优异的成绩回报国家的培养和培训单位的厚爱。

最后，四川省教育厅师范处胡成华副处长做了重要指示。她指出了学前教育的重要性，并对全体学员提出了殷切希望。希望大家珍惜此次宝贵的学习机会，尽心学习、潜心研究，通过培训丰富自己的理论知识，并在今后的实践中不断完善自己，提升水平与能力。典礼在一阵热烈的掌声中圆满结束。典礼结束后，与会领导、老师与学员们进行了合影留念。

2013年7月12日下午，负责本次培训工作的首席专家卢清、教学班主任曾彬、行政班主任朴钟鹤、生活班主任刘桂芳先后介绍了培训的情况、要求、学员须知以及各自负责的工作，向学员介绍几位助理班主任，然后分两班选举班委及小组长。班委有代理班长、学习委员、生活委员、文体委员等。选出的班委在会上做了自我介绍。下午17时，本日活动结束了。

第一章 名师风采

实践源于理论，理论指导实践，幼儿园教育教学实践离不开学前教育理论的思想支撑，学前教育理论是保证幼儿园教育教学实践质量和水平的强力后盾和重要基石；同时，幼儿园实践教学也是学前教育理论发展的根本目的和最终归宿。集中培训作为幼儿园教师职后培训的重要形式，旨在提升幼儿园教师的师德修养和幼儿教育理念，是当前幼儿教师培训的重要内容。然而，在近几年的培训中，过于看重培训者与受训者之间的垂直互动，过于看重两大主体之间显性的知识技能交流活动，过分强调专家的引领价值，这样的直接结果是培训学员倍感倦怠。在本次培训项目实施前，西华师范大学教育学院培训团队就几年来的幼儿教师培训工作进行充分反思，一致认为应重视专家团队与培训学员之间的专业经验、专业体验、默会知识的互通与交流，为培训者与受训者、受训者与受训者搭建起一个资源共享、共同成长的学习平台。为此，项目设计团队精心规划，并对参训学员做了充分的需求调研，开发出差异性的学习资源，培育了研修共同体，构建起了由高校专家、教育行政官员、一线优秀教师、示范性幼儿园相互协作的培训团队，从幼儿教师的实际需求出发，组织了结构合理的培训队伍，设计了理论学习与实践教学相吻合的培训内容，让农村幼儿园骨干教师从“优秀”走向“卓越”。

本次幼儿教师“国培计划”，在认真考察受培训幼儿教师基本需要的基础上，我们设计了由高校专家和一线优秀教师相结合、理论探讨与幼儿园实地观摩相统一的培训模式。具体可以分为三个方面：其一，本次培训邀请了省外高校专家李静、邱学青、王向东、全晓燕等，加上西华师范大学的本校专家，组成理论学习培训组，主要采用课堂讲授的形式，对幼儿教师进行理论熏陶，提高受培训幼儿教师的学前教育知识水平和理论素养。由高校专家亲自上课，面对面地阐述有关学前教育教学方面的基本理论，帮助受训教师释疑解惑，这是高校专家将掌握的学前教育理论应用于幼儿园教学实践的重要途径。其二，本次培训邀请了北京市第一幼儿园园长冯惠燕、西安市第四军医大学校直幼儿园幼儿高级教师张贵鑫、重庆新村幼教集团幼儿高级教师吴宇舒、成都市第三幼儿园幼儿高级教师邓盛婷、新加坡才儿坊幼教集团幼儿高级教师余静、西华师范大学附属幼儿园园长刘婷、南充市仪凤街幼儿园幼儿高级教师吴晓玲、南充市职业技术学院附属幼儿园幼儿高级教师李海鹰等一线实践专家深入课堂，为国培学员讲授了许多通俗易懂且弥足珍贵的幼教经验和多年的一线心得，为学员树立了榜样、指明了方向。其三，为了使本次培训与幼儿园实际教学达到“零距离”，我们还邀请了北京市第一幼儿园幼儿特级教师蔡涛、重庆新村幼教集团幼儿高级教师钟青、西昌市东风幼儿园幼儿高级教师王燕等幼儿园教学能手进入幼儿园为国培学员进行教学示范，将理论培训的要点真实地展现在学员面前，使“国培计划”过程更加具体化、形象化、直观化。

一、高校教师风采

（一）《教育部关于深化中小学教师培训模式改革，全面提升培训质量的指导意见》解读

姓名：赵正

单位：四川省教师继续教育西华师大培训中心

　　　西华师范大学教师教育学院

职称：教授、硕士生导师

专业：教育学

研究方向：教育政策与法规

2013年7月12日上午，西华师范大学教师教育学院院长赵正教授对本次“国培计划”《教育部关于深化中小学教师培训模式改革，全面提升培训质量的指导意见》做了专题解读讲座。

赵正教授对《教育部关于深化中小学教师培训模式改革 全面提升培训质量的指导意见》（以下简称《意见》）作了独到的解读。他指出，根据《国家中长期教育改革和发展规划纲要（2010—2020年）》提出的对教师实行每五年一周期的全员培训要求，近年来中央和地方不断加大培训力度，教师培训工作取得明显进展。但也存在着针对性不强、内容泛化、方式单一、质量监控薄弱等突出问题，与主动适应深化基础教育课程改革、全面实施素质教育的现实需求相比存在差距，难以满足广大教师接受更高质量培训的要求。为了主动适应深化基础教育课程改革、全面实施素质教育的现实需求，着力解决存在的突出问题，《意见》提出了八条指导性意见，落实按需培训，强化实践性培训，推行教师自主选学和培训学分管理制度，创新培训模式，推动网络研修与校本研修相结合。

赵正教授指出，《意见》出台的主要目的就是为了解决当前教师培训工作存在的突出问题，推动各地围绕培训关键环节，采取针对性措施，深化培训模式改革，全面提升培训质量。可以说，《意见》明确了新时期教师培训工作改革的方向，将对推动各地中小学教师培训工作的改革发展产生积极的影响。

与以往的要求相比，赵正教授指出了《意见》有其独特的地方。《国家中长期教育改革和发展规划纲要（2010—2020年）》颁布后，2011年教育部印发《关于大力加强中小学教师培训工作的意见》，2012年会同发改委、财政部印发《关于深化教师教育改革的意见》。这两个文件明确了新时期教师培训工作的基本思路和总体任务，并从宏观管理的角度对培训内容、培训模式、培训制度、培训体系、组织保障等提出了总体要求。《意见》则是在前期政策的基础上，围绕培训模式改革和培训质量提升两项核心任务，提出指导性意见。其主要有以下几个特点：一是针对突出问题，提出硬招实招。二是政策创新来自基层实践，把地方首创经验经过研判上升为国家政策。三是反映课题研究成果，做到科学决策。四是体现以师为本，将教师作为政策的出发点和落脚点，激发广大教师参训的动力，满足教师对高质量培训的期盼。

对于《意见》的落实，赵正教授最后带领学员进行了热烈的讨论，并分组提出自己的建议，并总结出需要重视的三个方面的工作，得到了大家的积极响应。

（二）幼儿教师心理压力与调试

姓名：成云

单位：西华师范大学教师教育学院

职称：教授、硕士生导师

专业：教育心理学

研究方向：儿童心理

为了进一步促进教师的成长，改善教师的心理健康状态，2013 年 7 月 13 日下午，来自西华师范大学教师教育学院的成云教授为学员们带来了一堂以《幼儿教师心理压力与调试》为主题的专题讲座。

在这次讲座中，成云教授首先用自己的专业知识向大家讲述了压力的定义，并从辩证的角度探讨了压力给人们带来的危害和一定的积极作用，让大家更清晰、全面地认识到压力的含义和影响。根据幼儿教师这一特殊职业的工作特点，成云教授分析了幼儿教师压力的各种来源，并针对“幼儿教师职业倦怠表现”对各位学员进行了简单的调查和统计，从收入、精力、工作积极度、人际关系等方面总结出幼儿教师职业倦怠的各种表现。同时，他指出了其他压力的五大来源：“发展与责任”双重担子的重负不断加大；人际关系复杂；生活充满诱惑，促生心理冲突；家庭的压力群体激烈竞争的心理压力。

针对纷繁复杂的压力，成云教授还为大家讲解了压力的各种危害以及对幼儿教师生活带来的困扰和烦恼，使学员清楚而严肃地认识到压力对教师身心和工作的高危害。因此，面对如此庞大的压力体系，要减少和预防并克服各种压力尤其重要。成云教授结合自己所做的研究以及生活中教师的实际生存状态，从人类心理发展与教师教学专业发展两方面入手，为学员们讲述了教师的专业成长与教师心理健康的关系，并告诉大家运用怎样的策略去调整心态，正确面对压力，促进自己的专业发展。

成云教授提出，为了做好心理压力调试，幼儿教师首先要正确认识自我，自我是完整的、独特的、唯一的，同时也是我们行为的源泉。深刻地认识自我的内涵，有助于我们更好地缓解自身压力。其次，幼儿教师要提高自我干预、自我调节的能力。同时，幼儿园也有责任进行更科学的管理，营造轻松的工作氛围。社会也应加强支持，正确评价幼儿教师。然后，成云教授结合自己的研究总结了七点有效而实用的个人调试方法：转移法、发泄法、倾诉法、运动与回归自然法、音乐疗法、芳香疗法、自我充电法。最后，针对合理管理压力，成云教授提出了更为具体的九个方法，让学员们能以更轻松、愉悦的情绪面对教师生活和工作压力。

专家的生动讲述赢得了各位学员的热烈掌声。此次讲座不仅提高了教师对自身心理健康的重视，而且还让各位教师认识到了心理健康与专业成长的密切联系及其重要性，对促进教师的专业成长具有极强的指导意义。

（三）幼儿园课题研究与方案设计

姓名：卢清

单位：西华师范大学教育学院

职称：教授、硕士生导师

专业：学前教育学

研究方向：学前教育学原理

2013 年 7 月 14 日下午，西华师范大学教育学院卢清教授以《幼儿园教师如何从事课题研究》为题，为学员们开展了一场生动而具有较强实践指导意义的讲座。

卢教授的报告内容以“科研——提升教师专业智慧与生活品质”为引子，具体阐述了教育科研给教育者带来的巨大价值，然后从选题、方案设计两大方面进行了具体讲解。卢教授首先从课题的选择入手，让学员思考在选题的过程中应该注意的几个因素，同时注意选题要从实际出发，充分考虑主客观条件，选择能通过努力实现研究目标、获得研究成果的课题。关于选题的来源，卢教授提到《0-3 岁儿童学习与发展指南》、文献资料、信息交流和教育教学实践是我们在进行课题研究设计时常会用到的途径和渠道。在教育教学实践中发现的问题又是教育科研选题最重要、最基本的来源，因为实践是推动教育科研前进的动力与源泉。在讲述选题的来源中，卢清教授认为我们的学员作为一线幼儿教师，具有丰富的教育教学实践资源。我们的科研的内容可以围绕我们教师感兴趣的问题或现象，也可以对当前教育改革进行探讨。

关于课题研究方案的设计，卢教授首先从专业的角度对课题研究方案进行了概括和定义，并说明课题研究方案设计的目的是为了明确规定研究的范围和目标，具体规划研究的程序和进度，确保研究工作的顺利进行，实现研究的预期目标。由此，卢教授引出研究什么、为什么研究、如何开展研究、需要采用哪些手段和工具等值得思考的问题，让学员们从专业的角度总结课题研究方案的基本内容。然后，卢教授就课题研究方案的七大基本内容展开了具体的阐述和分析。针对国内外课题研究现状和研究过程以及时间安排等内容，学员们在课堂上展开了热烈的讨论。最后针对如何进行“文献检索”，卢教授提出除了可以采用手工的方式外，在网络比较发达的地方，还可以借助网络搜索引擎或“数据库”和网上图书馆。卢教授还非常详细地介绍了几种搜索方式的具体做法和注意事项。

在讲座过程中，卢教授指出了幼儿园老师做课题时经常面临的问题，再根据这些问题并结合相关理论提出了一些关于幼儿教师如何开展课题研究的建议。本次讲座，卢教授用通俗易懂的语言讲解了科研的重要性，加深了学员们对课题研究的认识，提高了学员的科研素养，解决了当前一些教师在课题研究中的问题，丰富了教师的科研知识。

（四）巧用信息技术，促进家园沟通

姓名：刘桂芬

单位：西华师范大学教育学院

职称：讲师

专业：教育技术学

研究方向：课件制作

2013 年 7 月 14 日上午，西华师范大学教育学院的刘桂芬老师在多媒体计算机教室进行了一次生动实用的“计算机信息技术应用”的讲解和示范。对于计算机，我们很多的农村幼儿教师都比较陌生，虽然随着科技的发展，计算机已相对普及，但是在相对落后的农村，我们的教师对计算机这一技术的利用还不多见。

作为幼儿老师，我们的对象是年幼的孩子，所以我们与家长的沟通机会相对于其他年龄阶段的孩子更多。然而，传统的家园沟通方式随着社会的发展已逐渐显露出它们的缺陷，因此，刘老师首先向我们讲述了传统家庭沟通方式的各种弊端，紧接着用对比方式阐明了基于计算机信息技术的现代沟通技术应用的重要性，最后隆重介绍了我们如今普遍使用的一种沟通方式——博客。在这次讲解中，刘老师还以建立一个班级博客为例，让我们清晰地了解了博客是如何诞生的，以及博客内容逐渐丰满的过程。

在讲解的过程中，刘老师在计算机里一步一步耐心地教导我们幼儿老师如何建立博客，怎样添加背景、调整版块从而使我们的博客更加吸引人。同时，刘老师还特别提到在博客设置中，博客信息、个人基本信息、个人经历、联系方式、修改头像和修改密码等涉及私人信息的，应该慎重，并注意保护个人信息的安全。

刘老师针对博客内容的制作，主要讲授了写日志、添加音乐、声音的剪接和添加图片四个内容的制作方法。当然，在这个过程中，离不开博主的管理。因此，刘老师还比较详细地讲解了博客的管理方式，让我们对这个极具现代化的沟通工具有了深入的了解。最后，刘老师针对博客的管理提出，博客内容要及时更新，应重视家长的留言并及时回复。同时，要激励家长参与博客的热情，增加班级博客的人气。

在讲解过程中，刘老师详细耐心的讲解和丰富生动的图像演示让老师们听得意犹未尽，大家都跃跃欲试。讲述结束后，幼儿老师们自己在计算机上进行实际操作，为自己建立一个班级博客。每当遇到问题，刘老师都会进行耐心的讲解及指导。对于幼儿教育工作者们来说，这无疑是一次新的尝试，大家不但学习到了一门新的技术，今后还能和家长们更加便捷地沟通。

课后，幼儿教育工作者们对刘老师的精彩讲述表示衷心的感谢，同时也期待类似今天这样的学习机会能够越多越好，可以让他们学习到更多更新的知识与技术，并将这些知识和技术运用到自己的教育教学实践中，让教育工作也能与时俱进。

（五）关于加强幼儿园教师职业道德规范建设的思考

姓名：冯文全

单位：西华师范大学教育学院

职称：教授、硕士生导师

专业：教育学原理

研究方向：德育原理

教师是一种社会职业，它是我们热爱的事业，当然也是谋生的手段。当今社会是一个竞争激烈的社会，教育也面临着激烈竞争。学校要发展、壮大，必须要有一个良好的师德师风环境作后盾。在思想上崇尚、遵守师德，在行为上体现师德，在社会实践中提高道德修养，真正认识善与恶，在实践中用师德标准去潜移默化地影响每一位学生，从而在教书育人过程中感受一份愉悦、一份成功。冯文全教授针对如何加强幼儿教师职业道德建设从以下几个方面进行了阐述。

首先，指出了加强师德修养的必要性与重要性。冯教授认为教师是人类灵魂的工程师，是人类的道德师，教师只有以德育为前提条件才能达到预期的教育目的。由此，他提出当今社会加强幼儿园教师职业道德规范建设是必要的，也是刻不容缓的。

其次，面对我国幼教领域教师职业道德建设的发展现状，冯教授表示，统一的师德规范缺位是我国幼教领域存在的突出问题。目前，国家制定并颁布了统一的高校教师职业道德规范和中小学教师职业道德规范，但尚未制定出统一的幼儿教师职业道德规范。虽然一些地方教育行政部门和幼儿园做出了本地区、本部门幼儿教师职业道德的规定，但这些规定极不统一，其内容也不尽科学，以致幼儿教师职业活动无所遵循，幼儿教师道德评价标准不一。

再次，指明了师德修养的培养方法。根据对当今幼儿教师职业道德规范现状的研究，冯教授指出，加强幼儿园教师职业道德规范首先要从自身做起。据此，提出了培养师德的第一个方法——自我教育法。冯教授说，最好的也是最有效的教育便是自我教育，作为教育者的教师完全具备自我教育的智能条件和知识基础。随后，他还鼓励老师多读书，多实践，给学生树立榜样，以自身去引导学生，教育学生。

在讲座的最后，冯教授对我们幼儿教师职业道德提出了新的展望，希望老师们要有足够的爱心、强烈的求知欲望，积极参与幼儿的活动，还要树立终身学习的理念。

冯教授在讲座中语言生动幽默，所讲内容深入浅出，与会学员感到受益匪浅。大家纷纷表示，要加强职业道德修养，继续努力提高幼儿教育的水平，为国家的幼教事业做出更大的贡献。

（六）还孩子健康快乐的童年
——防止和纠正学前教育小学化倾向

姓名：全晓燕

单位：隆昌幼儿师范学校

职称：高级讲师

专业：学前教育学

研究方向：幼儿园健康教育

诗人说：孩子的笑是无邪的；

哲人说：孩子的心是纯真的；

教育者说：孩子是具有可塑性的；

我们是幼教工作者——我们不能把孩子的天性扼杀在摇篮里！

由于受社会竞争加剧及知识经济时代到来的影响，人们更深刻地认识到孩子在幼儿时期各种能力、习惯的学习对其后续发展的重要性，因而人们对学前教育高度重视。为了满足家长盼子成才的迫切需求，许多幼儿园开始将小学的学业提前到幼儿园时期进行学习，本应在小学时期开展的日常教学活动占据了幼儿的大部分游戏时间。

针对此种情况，全晓燕老师指出：幼儿教育“小学化”违背了教育的发展规律。在儿童时期，幼儿的身体机能和神经系统都很脆弱，长时间注意力太集中易使大脑疲劳，会对幼儿的神经系统造成伤害。此时，幼儿心理的发展也不够完备，还不具备系统学习的能力，过早地强制性灌输知识，会使孩子产生厌学和恐惧情绪。使孩子长期处在机械的读、写、算的状态中，会扼杀其想象力。此外，全晓燕老师还指出，当前幼儿园教育“小学化”的现象日益突出，严重扰乱了正常的保育教育工作，损害了幼儿的身心健康。

全老师指出，幼儿教师不仅要自己明确幼儿成长的阶段特点与阶段发展目标，而且要帮助家长树立新知识观，让家长真正理解和形成“以幼儿发展为本、终生教育和科学的幼儿教育”新思想，指导家长丰富育儿知识，与家长建立平等和谐的关系，让家长知道幼儿园教育的内容包括健康的心理、愉快的情绪、合作的精神、动手的能力、语言的表达等，这些都是不能用成绩衡量的。为此，全老师呼吁大家还幼儿一个健康快乐的童年。全老师的这一观点得到了全场学员的赞许。

短暂的三个小时，学员们对学前教育“小学化”倾向有了一个更加深刻的认识。大家都表示在以后的工作中，将防止这种现象的产生，还儿童一个快乐幸福的童年，让孩子们健康快乐地成长。

（七）《幼儿园教师专业标准》解读

姓名：王向东

单位：隆昌幼儿师范学校

职称：高级讲师

专业：学前教育学

研究方向：幼儿园政策法规

为了贯彻党的十七届六中全会精神，落实《国家中长期教育改革和发展规划纲要（2010—2020 年）》，构建教师专业标准体系，建设高素质的专业化教师队伍，教育部研究、制定了《幼儿园教师专业标准（试行）》（以下简称《专业标准》）。《专业标准》是教师专业发展的指南针，它明确了教师专业素质的基本要求；是教师专业活动的坐标系，它规范了教师教育教学的基本行为；是教师专业水平的测量仪，它制订了教师专业发展的基本准则；是教师专业成长的助推器，是教师培养、准入、培训、考核等工作的重要依据。

王向东校长首先解释了《专业标准》对教师的要求，即合格的幼儿园教师必须要有爱心、责任心、耐心和细心，必须关爱幼儿，尊重幼儿，做幼儿健康成长的启蒙者和引路人。

其次，王校长对《专业标准》中的基本理念分别作了详细讲解。第一，幼儿为本。尊重幼儿权益，以幼儿为主体，充分调动和发挥幼儿的主动性；遵循幼儿身心发展特点和保教活动规律，提供适合的教育，保障幼儿快乐健康地成长。关爱幼儿，是教师全部职业活动中最宝贵的情感，没有对学生的爱，也就不可能有真正成功的教育。要把真挚的爱融入到整个班级之中，无论是在生活上还是在学习中，时时刻刻要重视幼儿的身心健康。特别是对个别的孩子，更要“特别的爱给特别的你”，让每一个孩子都从教师这里得到一份爱的琼浆，从中汲取奋发向上的力量，更加自爱、自尊、自强和自信。我们教师还要用放大镜去发现孩子的优点，并且加以鼓励，培养学生健康的人格和学习的兴趣。第二，师德为先。热爱学前教育事业，具有职业理想，履行教师职业道德规范。第三，能力为重。将学前教育理论与保教实践相结合，突出保教实践能力的提高；研究幼儿，遵循幼儿成长规律，提高保教工作专业化水平；坚持实践、反思、再实践、再反思，不断提高专业能力。第四，终身学习。人类文明历史悠久，值得我们不断去挖掘；同时，人类社会在不断地进步，我们要不断学习先进的学前教育理论，与时代同步，了解国内外学前教育改革与发展的经验和做法；优化知识结构，提高文化素养，做终身学习的典范。

最后，王校长希望学员们做幸福的幼教人：有心的人（爱心、专心、信心、恒心、耐心），有知与智（渊博的知识与教育的智慧）；要容与融（有容人之道，与孩子家长融合），“会精与景”（精心打造园所文化，园、班有景，创设适应孩子健康快乐成长的景）。王校长精彩绝伦的讲解让学员们对《专业标准》有了更清晰的认识，他的讲座获得了学员们的阵阵掌声。

（八）幼儿园角色游戏指导技巧

姓名：曾彬

单位：西华师范大学教育学院

职称：副教授、硕士生导师

专业：学前教育学

研究方向：游戏与课程论

幼儿天生喜欢游戏，喜欢在游戏中模仿各种角色，因此角色游戏成为幼儿最喜欢的游戏，也是幼儿园最主要的游戏活动类型，对幼儿的社会性发展、认知发展、语言发展等具有重要的促进作用。他们在游戏中无拘无束、充分表现并发挥聪明才智的时候，是那么满足和兴奋。但我们也发现，当幼儿在游戏中遇到困难或缺乏技巧的时候，游戏情绪就会大受影响，游戏进程就会受到阻碍。那么，怎样才能保证角色游戏快乐、顺利地进行呢?

曾老师围绕“幼儿园教师角色游戏指导技巧”这一主题，从角色游戏的概念、意义、结构（游戏主题、材料、动作、情节）、指导前提、指导技巧特点四个层面展开深入全面的解读。曾教授指出幼儿教师应从主题的指导、角色的指导、材料的指导、教师观察技巧指导四个方面着手，阐明了幼儿教师指导方式的指导、教师介入游戏方法的指导、角色游戏迁移运用的指导，并通过具体事例讲解了评价幼儿角色游戏水平的方法。曾老师还仔细讲解了游戏的目的性、游戏的主动性、在角色游戏中担任角色、在游戏中遵守职责、游戏中角色表现形式等内容，并从游戏活动的支持与引导、激励与评价、沟通与合作、反思与发展等方面做了详细的解读。

曾老师用清晰的语言和鲜明的实例为学员们呈现了一场精彩纷呈的讲座，让我们认识到角色游戏离不开教师的指导，教师采取适当的指导策略不仅能让幼儿获得强烈的游戏体验，在情感上得到极大的满足，还能增强幼儿的社会性意识，提高其语言表达、合作创新、解决问题等多种能力。此外，教师应不断研究实践指导策略，充分发挥指导作用，增强指导效果。

（九）观评幼儿园教育活动的思考

姓名：徐宇

单位：重庆市教育科学研究院

职称：教授、特级教师

专业：学前教育学

研究方向：幼儿园教学评价

2013 年 7 月 20 日上午，来自重庆市教研院的徐宇专家，为我们带来了一场题为“观评幼儿园教育活动的思考”的讲座。她的讲座让我们深刻体会到了幼儿园观评活动真正应该观评什么。观评教育活动不是看看热闹而已，而是要从中学习和思考，对现状进行反思，然后总结自己的不足并吸取经验教训。那么，观评活动应主要观评什么呢？

以下是徐宇专家为我们提供的思路：

1. 观评幼儿学习的特点。幼儿的学习有以下几个特点：① 学习受兴趣和需求的直接驱动；② 学习以直接经验为基础；③ 把学习当作游戏看待；④ 多感官参与学习；⑤ 学习从无意注意到有意注意的阶段变化；⑥ 学习具有整体性。

2. 观评目标在教育活动中的作用。目标在观评活动中的作用主要表现在以下几个方面：① 目标是教师在了解幼儿现有发展水平的基础上，为了帮助幼儿梳理、整合或提升经验而拟订的一个具体的、适宜的发展标准；② 目标是针对幼儿发展、教师教学的一个总体性的要求；③ 目标能帮助教师完整清楚地认识儿童（目标的适应性）；④ 目标能帮助教师明确教学的目的、重点和难点，帮助教师理清教学思路；⑤ 目标能检测活动的完成情况、幼儿的发展状态。

3. 观评有效的师幼互动。师幼互动是有效教学得以实施的途径，需要我们予以重视。

4. 关注幼儿是否真正在“动”。幼儿真正参与活动有以下特征：① 状态积极主动，兴趣高；② 专心而投入；③ 围绕活动主题积极思考，认真操作；④ 大胆表现表达；⑤ 敢于质疑，主动提问；⑥ 认真倾听和参与讨论；⑦ 愿意克服困难，完成任务。

5. 观评活动效果。活动的效果主要以目标是否达成、儿童是否得到发展两个方面为标准来进行观评。

我们作为一名幼儿教师，需要的不仅仅是专业技能，还需要更多的实践经验以及理论学习。在幼儿园的教育活动中，不了解幼儿的学习方式与特点，我们从何入手去进行教育教学呢？不知道教育活动的教育目标，我们怎么知道一次教育活动所要达到的效果，又如何去评价这堂课的好坏呢？不有效地进行师幼互动，怎么会知道幼儿到底接收到了对应的内容与知识没有呢？不关注幼儿是否真正在“动”，不了解幼儿真正参与活动的特征，怎么能落实教育呢？不注意观评活动效果，不关注教育目标是否达成、儿童是否得到发展，怎么能保证教育的质量呢？简而言之，在观评幼儿园教育活动的过程中，我们应看活动看教学，不看表演；看门道，不看热闹；不看老师，看幼儿。

（十）学前教师的信息素养

姓名：陈仕品

单位：西华师范大学教育学院

职称：教授、硕士生导师

专业：教育技术学

研究方向：信息教育

在信息技术迅猛发展的今天，计算机、网络和通信技术正改变着人们的生活方式和生产方式，也影响着全球的教育。以信息化带动基础教育现代化，促进教育事业的跨越式发展，促进教育者和受教育者信息素养的提升，已成为当前教育改革的必然趋势。而信息时代提升幼儿教师所应具备的信息素养，促进幼教事业的发展也成为学前教育的一项重要工作。

2013 年 7 月 21 日下午，来自西华师范大学教育学院的陈仕品副院长结合当前信息技术的发展给大家带来了一堂以“学前教师信息素养”为主题的教育讲座。陈老师说，信息技术的发展给我们的生活带来了方便和快捷，作为老师，我们更应该将这一高科技运用到我们的教育教学当中，让我们的孩子了解信息，学会运用计算机和网络获得信息。根据《3-6 岁儿童学习与发展指南》的内容和要求，以及幼儿的学习方式和特点，信息技术在幼儿教学中的应用，可以创设逼真的情景、吸引幼儿注意力、促进幼儿更好地理解。在信息时代，信息素养已成为幼儿教师所必备的职业素养。

教师作为信息的传递者，应把那些良莠不齐的信息过滤后，再传递给儿童，以保证儿童的身心健康。同时，幼儿教师在具备良好的信息素养后，应优化教学，使教育形式更灵活；还应培养幼儿的信息素养，激发幼儿的学习兴趣。比如，针对幼儿的身心特点，从幼儿生活中了解幼儿的兴趣和需要，并以此作为预设教学主题的依据；以竞赛活动为平台，培养幼儿的信息交往能力；开发儿童成长电子档案袋，促进幼儿个性发展。对于老师来说，提高信息素质，可以促进教师个性化发展，促进教师的专业化发展，实现教师的终身教育。比如，基于网络资源促进教师主动参与、自主学习；网络环境为教师合作、探究学习提供了个性化发展平台；利用信息技术制作课件有利于教师个性化的发挥。除此之外，应用信息技术还可以提高学前教育的管理能力，建设数字化幼儿园，还可以共享优质教育资源。因此，培养学前教师的信息素养是刻不容缓的。事实上，我国幼儿教师信息素养的现状并不乐观，教师信息意识不足、信息意识不强、教师交流意识不足、信息环境制约着教师信息素养的提高等问题一直存在。我们国培幼师班的老师生活在农村，信息环境与城市不能相提并论，因此，他们的信息意识相对较弱，信息技能也比较缺乏。基于此，陈老师对幼儿教师信息素养的培养与提高提出了以下几点建议：加强硬件和软件的建设，营造信息技术应用氛围；完善管理制度，为信息技术培训提供保障；基于博客（Blog）进行行动研究学习，创造信息需求氛围。

此次讲座对我们幼儿教师产生了一定的震撼，大家意识到我们通过运用信息技术不仅可以把工作化烦琐为简洁，而且可以利用它提高教学实效。这次讲座让学员们了解到信息技术在实践教育教学中的重要性，并且激发了大家学习信息技术的兴趣。

（十一）环境创设及其对儿童发展的价值

姓名：杜永红

单位：西华师范大学教育学

职称：教授、硕士生导师

专业：教育社会学

研究方向：初等教育、职业教育

众所周知，环境是幼儿的第三位老师，“狼孩”以及“孟母三迁”的故事就是最好的证明。而且，很多教育中的知名人士，如颜之推、陈鹤琴、皮亚杰和蒙台梭利等也都指出了环境对幼儿重要而深远的影响。另外，《幼儿园教育指导纲要》也指出，环境是重要的教育资源，应通过坏境的创设和利用，有效地促进幼儿的发展。

2013 年 7 月 25 日上午，来自西华师范大学教育学院的杜永红老师围绕“环境”这一关键词，与我们的学员一起学习和探讨了环境对儿童发展的价值、怎样进行幼儿园环境创设以及幼儿园环境创设需要改进的地方。环境是围绕在个体周围的并对个体自发地产生影响的外部世界。环境可以划分为涵括一切物质条件的物质环境和主要由人际关系与心理氛围构成的精神环境两大类。物质环境是有形的、静态的，对于幼儿的认知发展具有重要作用。对锻炼幼儿的感知、观察能力和注意力，激发幼儿的好奇心和探究兴趣，丰富幼儿的想象力，培养幼儿的动手、动脑能力和创造意识无疑具有十分重要的作用；对幼儿社会性的发展具有潜在、深刻的影响——幼儿社会性的发展是在一定的物质环境中实现的，物质环境的诸多方面会通过影响幼儿在交往过程中的情绪状态、交往对象的数量等对幼儿社会性的发展产生潜在、深刻的影响。物质环境的内容及其所营造的氛围会对幼儿的行为产生暗示和引导作用。物质环境是丰富多彩的。而精神环境则是无形的、动态的，具体体现在师生关系、同伴关系、班级氛围以及家园关系等方面。精神环境虽然无形，但却是可感受和可体验的。精神环境对幼儿的学习和认知发展具有重要作用，主要以幼儿的情绪情感和动机为中介对幼儿的学习和认知发展产生影响。良好的精神环境能激起幼儿积极的情绪体验，而情绪是智慧的高级组织者，它能够指导认知进程和影响推理。精神环境对于幼儿社会性各方面的发展具有直接、深远的影响——良好的精神环境为幼儿提供社会学习的背景和途径，引导幼儿逐渐获得丰富的社会经验，从而促进幼儿社会性的发展。精神环境是一种隐性环境，对幼儿情绪情感、社会性、个性品质、自我意识和人格的发展起着重要的作用，精神环境是温馨和谐的。只有将物质环境与精神环境相结合，才能更加全面地促进幼儿健康成长。

杜老师说，幼儿教育本质上是一种环境的创设。当环境具有教师的意义时，环境已经不再是没有生命意义的东西，而是一种富有人格魅力的教育力量。因此，我们幼儿教师要充分利用环境对幼儿的影响对幼儿进行教育，重视环境创设的重要性。同时，要避免环境创设进入误区：只注意环境创设的单向作用、内容的片面化、空间利用不够充分、只注意成人的提供而忽略幼儿的介入、忽视或分割精神与物质环境创设的关系。在环境的创设中，我们要坚持全面性、效用性、主体性和安全卫生的原则，既要创设丰富的、科学的物质环境，还要创设良好的精神环境。

虽然老师们一直都在做幼儿园主题墙饰的工作，但真正理解环境对幼儿发展价值的老师可能还相对较少。他们想得更多的是吸引幼儿的眼球，抓住他们的好奇心，对其所具有的教育价值认识较浅。通过这堂课的学习，老师们明白了环境的重要教育价值，在今后的环境创设工作中也有了更充分的理论依据。

（十二）农村幼儿园本土课程资源开发与利用

姓名：徐东

单位：西华师范大学教育学院

职称：教授、硕士生导师

专业：学前教育学

研究方向：幼儿游戏与课程

2013 年 7 月 28 日上午，我们听取了徐东老师关于“农村幼儿园本土课程资源的开发与利用”的讲座。徐老师从课程与幼儿园课程、课程资源与幼儿园本土课程资源、农村幼儿园本土课程资源开发和利用存在的问题、农村幼儿园本土课程资源开发和利用的对策等四个方面，给大家进行了精彩的讲解。

徐老师先从课程的词源的角度向大家阐释了课程的定义。在我国，“课程”最早由唐代学者孔颖达提出：“教护课程，必君子监之，乃得依法制也”；宋朝朱熹在论学时多次提及“课程”，如“宽着期限，紧着课程”（“课程”在此指的是功课及其进程）。在英语中，“课程”（curriculum）一词来源于拉丁语“currere”。

用名词形式解释，即“跑道”(“学程”)。课程即为儿童设计学习的轨道。用动词形式解释，即“奔跑”也就是“学习的过程”。对于幼儿园课程，教育部“九五”教育科学规划重点课题“中国幼儿园课程政策研究”课题组所认定的幼儿园课程的概念是：“实现幼儿园教育目的的手段，是帮助幼儿获得有益的学习经验、促进身心全面和谐发展的各种活动的总和。”幼儿园课程是一种“活动”：主观学习经验、客观学科教材；幼儿园课程是“帮助幼儿获得有益的学习经验……的活动”；幼儿园课程是各种活动的总和。而幼儿园课程资源是指有利于实现幼儿园课程目标的因素来源与必要而直接的实施条件，即一切能够为幼儿园课程服务的可利用的资源因素。幼儿园课程资源对于幼儿园课程具有重要的价值和作用。而幼儿园本土课程资源具有生活性、活动化、整体性和地域化的特点。幼儿园本土课程资源根据不同的功能、特点可分为不同的类型。例如，按课程资源的功能、特点分，可分为素材性资源和条件性资源；按课程资源的性质分，可分为自然资源、社会资源、文化资源和人力资源；按空间分布分，可分为园内资源、园外资源和网络资源；按课程资源的载体分，可分为以人为载体的、以物为载体的和以活动为载体的资源。在农村幼儿园本土课程资源开发与利用的过程中，需要注意幼儿园课程资源开发与利用及其意义、幼儿园本土课程资源开发与利用的基本原则与主要方式。同时，要关注农村幼儿园本土课程资源开发与利用存在的问题：意识薄弱、内容单一、渠道封闭、动力不足、制度缺乏。另外，在农村幼儿园本土课程资源开发与利用的对策上，应从教育主管部门方面、幼儿园方面和教师方面同时抓起。

徐老师还要求我们利用幼儿园已有的资源进行教学，懂得废旧资源的再利用，这样我们就可以创造出更多的新游戏和新知识。农村幼儿园本土资源是很丰富的，我们可以用一些孩子们喜欢的本土化的游戏对课程进行改编，把孩子们用到的、熟悉的、喜欢的本土资源融入课程，既保证孩子们轻松地掌握知识又让他们学得很开心。徐老师指出，要善于从生活中去发现，多给孩子创设良好的环境，还要懂得反思自己，只有不断地反思才能发现自己的不足，这对我们来说是一个逐渐成长的过程。以后我们应该更加懂得资源的利用和开发，只有满足了孩子的需求，才能更好地去教育孩子。

（十三）学前儿童生理发展与教育

姓名：李静

单位：西南大学

职称：教授、博士生导师

研究方向：儿童生理发展与教育

专业：学前教育学

2013 年 10 月 13 日下午，来自西南大学教育学院的李静教授为“‘国培计划’——农村幼儿园骨干教师置换脱产研修项目西华师范培训班”一班学员进行了一场名为“学前儿童生理发展与教育”的专题讲座。我们有幸聆听了来自西南大学教育学院李静教授的讲座。她在讲座中提到了学前儿童生理发展的几大特点以及学前儿童教育。

一、儿童运动系统的特点及其教育

（1）骨骼与骨髓。相对于成人来说，在儿童的骨骼的组成成分中，有机物比无机物多，且柔软易变形，不易骨折；而骨髓中的红骨髓多，腕骨、脊柱、胸骨和盆骨由软骨链接，钙化不完全。

（2）肌肉与肌肉训练。儿童的肌肉水分多，蛋白质、脂肪、碳水化合物和无机物少，力量差。长身高时，肌肉以增加长度为主。长体重时，以肌纤维增粗为主；小肌肉比大肌肉晚发育。肌肉训练不仅有助于幼儿的身体发育和健康，而且有助于提高幼儿动作的灵活性、协调性和准确性，还有助于锻炼幼儿的意志和发展幼儿之间的合作关系。

（3）感官训练。蒙台梭利认为，必须对幼儿进行系统的和多方面的感官训练，使他们通过对外部世界的直接接触，发展敏锐的感觉和观察力。

二、儿童循环系统的特点及其教育

（1）血液的特点及其循环系统。血液存在于心脏和血管中，由血细胞和血浆组成。血细胞又分为红细胞、白细胞和血小板，而红细胞和白细胞的数量多、能力差；血浆为淡黄色、透明的液体，它是血细胞生存的环境，起着运送血细胞、养料、细胞和代谢废物等作用。幼儿的血液总量相对比成人多，占体重的8%～10%。但幼儿的造血器官易受伤害，某些药物及放射性污染对造血器官的危害极大。婴幼儿生长发育迅速，血液循环量增加很快，喂养不当或幼儿严重挑食、偏食，容易发生贫血。幼儿血液中血小板的数目与成人相近，但血浆中的凝血物质（纤维蛋白、钙等）较少。因此，出血时，凝血较慢。幼儿白细胞吞噬病菌能力较差，发生感染后容易扩散。

（2）心脏和血管的特点。7岁以前，幼儿的血管发育比心脏发育快；青春期后，血管发育比心脏慢。儿童的心脏发育不完善，脉搏输出量小，心率、脉率比较高。

三、儿童呼吸系统的特点及其教育

上呼吸道包括鼻、咽、喉，下呼吸道包括气管、支气管、肺。呼吸道的特点是黏膜柔嫩，血管丰富，管道狭窄、短小。

四、儿童消化系统的特点及其教育

消化道系统包括消化管和消化腺。

消化管由口腔、食道、胃和肠组成。口腔里的牙分为乳牙和恒牙。胃的消化能力差，肠的吸收能力强。消化腺由唾液腺、胰腺和肝脏组成。

五、儿童泌尿系统的特点及其教育

泌尿系统由肾脏、输尿管、膀胱和尿道组成。儿童的肾脏对尿的浓缩和稀释功能比成人弱，膀胱容量小，肌层的弹力组织薄弱，中枢神经发育不完善，尿道短，容易被感染。

六、儿童内分泌系统的特点及其教育

内分泌系统的运行主要是由下丘脑作用于脑垂体，脑垂体分泌相关激素作用于甲状腺、甲状腺旁腺、松果体、肾上腺、性腺等的过程。

七、儿童免疫系统的特点及其教育

免疫是外界的抗原进入机体刺激机体产生抗体的过程。它可分为自然自动免疫、人工自动免疫、自然被动免疫和人工被动免疫。

八、儿童神经系统的特点及其教育

神经系统主要包括中枢神经和周围神经。中枢神经由脑和脊髓组成，而脑又分为脑干、间脑、大脑和小脑。周围神经，按解剖分为脑神经和脊神经，按功能分为感觉神经和运动神经。

（1）脑的发育，在胎儿时神经系统发育最早，尤其是脑的发育最为迅速。出生后大脑的外观已与成人相似，具备成人所有的沟回，但较浅，发育不完善。灰质层也较薄，细胞分化较差，而中脑、脑桥、延髓、脊髓发育较好，可保证生命中枢功能的正常发挥。

（2）脊髓的发育。

① 时间：脊髓在出生时具备功能，脊髓的成长和运动功能的发育是平行的，随年龄的增长而加长增重。② 位置：脊髓下端在胎儿时位于第 2 腰椎下缘，4 岁时上移至第 1 腰椎，作腰椎穿刺时应予以注意。③ 重量：出生时重 2 g ~ 6 g，成人时可增至 4 ~ 5 倍。④ 髓鞘发育：脊髓的髓鞘按由上向下的顺序逐渐形成，约于 3 岁时完成髓鞘化。

李教授的讲座不仅让我们了解了学前儿童各系统的特点及其教育，还让我们认识到幼儿时期的生理发展对幼儿今后的人生会产生很大的影响。作为一名幼儿教师，在平时的工作中不仅要把教育工作放在重要的位置，而且要更加重视孩子的身体健康！

（十四）幼儿健康领域的目标内容与指导

姓名：朴钟鹤

单位：西华师范大学教育学院

职称：副教授、硕士生导师

专业：比较教育学

研究方向：健康教育比较

什么是健康？怎样理解幼儿的健康？为促进幼儿的健康我们需要做哪些工作？幼儿在健康领域需要学习和发展哪些内容和能力？上述问题是我们在开展幼儿园健康领域工作、和家长一起促进幼儿健康成长时首先需要弄清楚的问题。带着这些问题，我们一起与来自西华师范大学教育科学学院的朴钟鹤博士共同探讨幼儿身体健康领域的目标内容及其指导。

首先，朴钟鹤博士利用《幼儿园教育指导纲要》(以下简称《纲要》)和《3-6岁儿童学习与发展指南》(以下简称《指南》)向大家阐述了幼儿健康的含义。《纲要》提出，要树立正确的健康观念，并从幼儿身体健康和心理健康两个层面概要阐述了健康观念的基本内涵。《指南》则明确指出“健康是指人在身体、心理和社会适应方面的良好状态”，同时提出“发育良好的身体、愉快的情绪、强健的体质、协调的动作、良好的生活习惯和基本生活能力是幼儿身心健康的重要标志”。由此我们可以看出，幼儿的健康包括身体健康和心理健康。

然后，朴老师以班级为划分标准，具体讲解了小班、中班、大班幼儿在健康领域的发展目标及指导建议。接着，朴老师还对幼儿在健康领域常见的生长偏离以及怎样矫正生长偏离进行了深入的讲解。朴老师还指出，幼儿期是幼儿身体和心理发育、发展的重要时期，维护和促进幼儿身心健康，不仅关系到幼儿当前的健康状况，也将对其未来的发展产生重要、深远的影响。树立正确的健康观念是开展幼儿园健康领域工作、促进幼儿健康成长的观念基础。幼儿在健康领域的学习和发展也是围绕这样的健康观念展开的。

通过此次讲座，大家观看了孩子从孕育到出生每个阶段的变化和需要的营养，同时了解了 3～6 岁儿童心理和生理的健康标准和喂养方式，我们作为家长懂得了如何配合幼儿园让孩子健康快乐地成长，我们每个学员也学会了一些常见急病的处理方式，特别是如何进行“人工呼吸”。大家进行了现场模拟，体验了寓教于乐的实际效果。

（十五）多种媒体环境下参与式教学的设计

姓名：邹霞

单位：西华师范大学教育学院

职称：教授、硕士生导师

专业：教育技术学

研究方向：教学环境创设

2013年10月18日上午，西华师范大学教育学院副院长邹霞教授为本次"'国培计划'——农村幼儿园骨干教师置换脱产研修项目西华师范培训班"学员做了"多种媒体环境下参与式教学的设计"的专题讲座。

首先，邹院长用一段幼儿学习乘法口诀的视频导入讲座的主题，并提出思考，让大家想一想我们当前的教育存在怎样的弊端。然后，她引导大家对"男孩子被女孩子吸引，是否与学习有关"这一主题进行辩论，让学员们分成正、反两方，各抒己见。精彩的辩论不仅调动了在座学员学习的积极性，还让大家在辩论中加深了对孩子生理、心理、身体、环境的理解。这堂课用活跃的气氛赢得了大家的掌声。

激烈的辩论结束后，邹老师引导我们深入地了解了参与式教学的深刻含义：是学生通过参与教师精心设计的学习活动而进行相应学习的教学。参与式教学能充分调动学生的积极性、主动性，让学生在活动中自主建构知识体系、训练各种技能。参与是儿童的天性，参与让儿童快乐成长。作为一名幼教工作者，我们的任务就是：科学而有组织地让孩子在我们创设的活动中积极参与，快乐而全面地成长。

多媒体教学在我们的幼儿园，尤其是条件相对较差的农村幼儿园可能很少使用，但是我们要知道当前正在加快教育改革，我们必须掌握先进的科学技术和教育手段。邹院长带领大家深刻地学习了多媒体的丰富内涵，让我们在实践教学中更加充分地认识和使用多媒体教学。多媒体技术就是把声、图、文、视频等符号通过计算机集成在一起的技术，即通过计算机把文本、图形、图像、声音、动画和视频等多种符号综合起来，使之建立起逻辑连接，并对它们进行采样量化、编码压缩、编辑修改、存储传输和重建显示等处理技术。

课后，邹院长强调，无论我们采用怎样的教学方法，我们都要坚持这样一个原则：给孩子成长的自由。在孩子们的发展过程中需要老师引导他们，但不要让孩子感觉到老师无所不在、无所不能。平淡乏味的词汇课会如同冷却成人的学习热情一样减弱孩子的求知热情。保持孩子的求知热情是真正引导孩子的秘籍，这也不是一项难以完成的任务，只要老师能够尊重孩子，冷静和耐心地对待孩子，我们的孩子就能在自由轻松的环境下健康、快乐地成长。

二、一线教师风采

（一）如何做好幼儿园班级管理

姓名：刘亭

单位：西华师范大学附属幼儿园

职称：小学高级教师

职务：园长

专业：学前教育学

研究方向：幼儿园管理

一所幼儿园精细化管理的质量和水平，决定着保育、教育、服务等方方面面的质量和水平，代表着一所幼儿园的形象，体现了一所幼儿园的园本文化。幼儿园的精细化管理，就是用心思考、用心育人、用心服务、用心做事、用心去爱每一个孩子，真正做到以孩子为本，以让家长满意的幼儿教育为本。而幼儿园班级管理则是幼儿园精细化管理的具体体现。班级是一个小社会，它包含教学和教学以外方方面面的内容。班级管理水平直接影响着幼儿园教育教学活动的进行。

2013 年 10 月 12 日上午，来自西华师大附属幼儿园的刘亭园长为本次"'国培计划'——农村幼儿园骨干教师置换脱产研修项目西华师范培训班"学员授课——"如何做好幼儿园班级管理"。

刘亭老师精彩地给我们讲述了我们幼儿园教师该如何做好班级管理。刘婷老师说，幼儿园孩子的群体生活一般是在班级中度过的，因此，首先要从班级的基本结构入手：人员结构、组织结构、物质要素。她还讲了幼儿园班级管理的环节，以及提出了幼儿园班级管理的建议。

听了刘亭老师的这些讲解，我们顿时觉得班级管理不是我所想的那么简单。幼儿园的班集体就像一个大家庭，几十个孩子都要老师来负责。在班级管理中，一定要细心、细心、再细心，关注每一个幼儿，关注他们的一言一行，关注幼儿生活中的一切细节。幼儿园班级管理工作细的程度，不仅关系着幼儿的安全，还直接影响到幼儿园的声誉，体现了师德教风。因为只有对孩子充满爱的教师，才会对工作事事细心，对孩子时时关心。

时代的发展使教育的功能正在发生巨大的变化，这赋予了班主任工作新的内涵，对班主任的角色提出了前所未有的挑战。《幼儿园教育指导纲要》指出，幼儿园应尊重幼儿身心发展的规律和学习特点，充分关注幼儿的经验，引导幼儿在生活和活动中生动、活泼、主动地学习。因此，作为一名班级管理者，我们需要勇挑重担，认真负责地工作，密切合作，这样班级管理工作才会稳步扎实地开展，才能进一步促进幼儿在各方面和谐发展，让我们幼儿园教育管理工作再上新台阶。

（二）加强园本课程建设，促进园所优质高效发展

姓名：冯惠燕

单位：北京市第一幼儿园

职称：中学高级、特级教师

专业：学前教育学

研究方向：幼儿园管理

当前，我国幼儿教育正处于一个急速变革的时期，各种新的教育理论正在不断地被引入幼儿教育领域，这对于幼儿园的负责人来说是一个巨大的机遇，也是一个巨大的挑战。如果能够在教育变革中寻找到正确的发展道路，必然会推动园所优质高效地发展，反之则会影响到园所的健康发展。课程建设领导力是新时期幼儿园管理者必须具备的一项素质，以课程为载体来推动园所优质发展已经成为幼教工作者在幼儿教育领域的共识。随着社会对于幼儿园教育水平要求的不断提高，如何进一步提升自身的课程建设领导力，从而为园所的高效发展奠定坚实的基础成为每一个幼儿园管理者都必须思考的问题。2013 年 10 月 12 日下午，来自北京市第一幼儿园的园长冯惠燕老师围绕这一中心点，在本次"'国培计划'——农村幼儿园骨干教师置换脱产研修项目西华师范培训班"

向学员做了“加强园本课程建设，促进园所优质高效发展”的专题讲座。

冯惠燕园长首先对她所在的北京市第一幼儿园做了简单的介绍，然后重点讲解什么是幼儿园课程、什么是幼儿园园本课程建设。冯园长认为幼儿园课程就是“各种活动的综合”，这些活动具有主体性和对象性，容易把握和控制，还能帮助幼儿获得有益的学习经验。冯园长还指出，幼儿园园本课程建设就是以园所为基地，以教师为主体，以解决教育实践中的问题为重点，通过系统的研究，总结、梳理出能够“帮助幼儿获得有益的学习经验”的“各种活动的综合”。在掌握了核心概念以后，冯园长以北京市第一幼儿园为实例，从课程建设的理念及思路、课程建设的实施——幼儿园综合艺术教育课程、实验园课程实施方案——幼儿园汉英整合双语教育课程、课程建设实施保障、课程建设中的几点体会等几方面，深入而详细地阐述了幼儿园园本课程建设的重要性，让我们参培学员明白了幼儿园课程建设是一个动态的、不断完善的过程。

《幼儿园教育指导纲要》(以下简称《纲要》)指出：“教育活动的组织与实施过程是教师创造性地开展的过程。”教师应根据《纲要》，从本地、本园的条件出发，结合本班幼儿的实际情况，制订切实可行的工作计划并灵活地执行。因此，冯老师强调，在课程建设中我们必须明确、科学、丰富、适宜、多元化提倡实施幼儿园综合艺术教育课程。通过开展各种活动形式，进行活动评价及环境创设，以此丰富幼儿的一日生活，实现家园共育的目标。

(三)幼儿园家长沟通技巧——家园合作指导

姓名：余静

单位：新加坡才儿坊幼教集团

职称：小学高级教师

专业：学前教育

研究方向：幼儿园家园合作

一个孩子的健康、健全成长，仅靠学校或仅靠家庭都是不够的。教师观察不到孩子在家的情况，家长也很难看到孩子在校的表现，因此只有两者之间的合理配合，教育才会有针对性和连贯性。应该说，这是家园人际关系中难度较大的一种关系。因为家长的职业不同、层次不同，教育孩子的观念也不同，要让他们能与幼儿园“步调一致”，真的很不容易。但是，家长与教师对孩子教育的不一致，影响最大的就是我们的幼儿。那么，如何去让我们的家长与幼儿园保持顺畅的沟通呢？来自新加坡才儿坊幼教集团的余静余园长在这次国培中与在座学员共同讨论的主题就是：“幼儿园家长沟通技巧”。

首先，余园长从《幼儿园教育指导纲要》所指出的“家庭是幼儿园重要的合作伙伴。应本着尊重、平等、合作的原则，争取家长的理解、支持和主动参与，并积极支持、帮助家长提高教育能力”再次强调家园沟通的重要性。她认为家长是幼儿教育工作的合作者，是育儿经验的学习者，是儿童受什么教育的决策者。幼儿园在做家长工作时需要达到两个目标：争取家长的理解、支持和主动参与；积极支持、帮助家长提供教育能力。

其次，在了解了幼儿园开展家长工作的目的后，吴园长结合自己的实际经验将家长工作划分为培训类、文本资讯类、活动类、交流类和评价类，并对每一个类别下进行家长工作所需要的技巧和注意的问题进行了细致的讲解。讲述每一个技巧时都采取了理论与案例相结合的方式，以便在座的学员都能轻松地理解并快速地掌握。

通过此次讲座我们了解到，对于幼教工作者来说，家长工作的地位并不比保教工作差。做好了家长的工作后，他们就会成为我们坚强的后盾，我们开展很多工作时就会容易很多。在幼儿教育中，家长工作是必不可少的，这部分工作的好坏直接关系到整个班级管理工作的成效，关系到孩子能否健康成长。家长工作效果的体现、目的的实现，在很大程度上取决于相互沟通的条件、方法和技巧。所以，作为一名幼儿园教师，要不断努力，密切家园联系，实现家园共育，做到耐心、细心、诚心，让每位幼儿在爱的氛围里健康快乐地成长！为了幼儿园的发展，为了教师自身的成长，更为了孩子的健康发展，我们都应重视家长工作，并努力做好家长工作。

（四）幼儿园安全教育

姓名：吴晓玲

单位：南充市仪凤街幼儿园

职称：小学高级教师

职务：园长

专业：学前教育学

研究方向：幼儿园安全教育

《幼儿园教育指导纲要》明确指出："幼儿园必须把保护幼儿的生命和促进幼儿的健康放在工作的首位。""要为幼儿提供健康、丰富的学习和生活活动，满足幼儿各方面发展的需要；要让幼儿知道必要的安全保健知识，学习保护自己。"可见，国家很关注幼儿园安全教育的实施。幼儿身体的各个器官、系统尚

首先从玩具—教育—玩教育—语言玩教育这样一个循序渐进的过程向我们推导出了语言玩教育的定义：在语言活动中，根据幼儿发展需求和语言教育需要，能够用于支持、引导幼儿多角度、多方位去感受、体验，提升幼儿语言实际应用能力的所有自然资源和一切材料。由此定义可以看出，玩教具实际上是一种将玩具与教具功能合二为一的载体，同时具有玩与教的功能，既强调教育性又强调趣味性，是一种在“玩中学、教中玩”的工具。

其次，李园长根据《国家玩具安全技术规范》阐述了制作语言玩教具的基本原则，并在现场带领全体学员做手指操和制作玩教具。

最后，李园长根据自己从教三十年来的经验指出：制作语言玩教具的最终目的是培养幼儿的语言能力。因此，在使用语言玩教具时要注重实用效果，将抽象的内容具体化、形象化，要采用合理的投放方式在适当的投放时机投放；制作的材料要简便易得，并且树立资源共享的观念；从听、说、读、写、知、情、能入手，突出语言意味，以语言为核心；引导幼儿接触优秀的儿童文学作品，使之感受语言的丰富和优美，加深对作品的体验和理解。

（六）游戏环境创设

姓名：邓盛婷

单位：成都市第三幼儿园

职称：小学高级教师

职务：园长

专业：学前教育学

研究方向：幼儿园游戏

《幼儿园教育指导纲要》中明确指出了环境对幼儿发展的重要性。环境是教学活动设计与实施的要素，幼儿的认知、情感和社会性来自于与环境的相互作用。因此在环境创设中，我们应把每一个创设和利用环境的细节与教学目标结合起来，明确增加、减少材料和设施的教育意义。为此，2013 年 7 月 20 日下午，来自成都市第三幼儿园的高级教师邓盛婷就“游戏环境创设”这一主题与学员们进行了深入的交流。

在正式开始讲座前，邓老师提出了两个问题：环境到底能带给幼儿多大的教育价值？幼儿园游戏环境所蕴含的教育有哪些，其内涵是什么？围绕这两个问题，邓老师首先讲述了环境创设的意义和环境创设的价值。邓老师认为，环境创设的价值在于环境与课程互生，环境可以生成课程，课程可以创设环境。环境是鲜活的生命体，它记录了幼儿成长的过程，对幼儿提供了重新检视、反省和解释的机会，有助于幼儿知识的自我整合和集体构建；还可以成为家长了解幼儿园和幼儿的重要途径。环境是多变的，会随着课程内容、季节变化、幼儿兴趣和心智成长不断变化。

邓老师还提到，环境创设主要包含两个部分：软环境和硬环境。游戏环境是帮助儿童摆脱自我中心、实现从“自然人”向“社会人”转变的重要条件。而幼儿园游戏环境具有开放性、动态性、多样性与实用性，因此，游戏环境的创设要符合儿童的生活逻辑。关于创设游戏环境的方法，邓老师结合实际案例提出了四项建议：一要创设情景化环境，激活儿童的已有经验；二是环境空间及游戏材料要根据儿童的需要进行调整；三是创设开放的环境，给予儿童充分的自主权；四是在环境中渗透隐性指导。最后，邓老师与学员分享了小班“娃娃家”游戏的视频，并对视频中的场景、材料以及幼儿游戏所带来的启示向各位学员进行了点评。

此次讲座让我们更进一步认识到游戏对幼儿发展的重要性。玩是幼儿的天性，游戏是幼儿生活中必需的东西，是促进幼儿获得知识和经验的一种最佳途径。游戏是对幼儿进行全面发展教育的重要形式，幼儿园教育应以游戏为基本活动，把游戏作为一种整体的教育思想贯穿于幼儿园的一日生活中。教师要“善于发现幼儿感兴趣的事物、游戏和偶发事件中所隐含的教育价值，把握时机，积极引导”，为幼儿提供健康、丰富的生活和活动环境，满足他们多方面发展的需要。尊重幼儿身心发展的规律和学习特点，充分关注幼儿的经验，引导幼儿在生活和活动中生动、活泼、主动地学习，多给他们游戏的时间和机会，防止幼儿教育出现小学化倾向，使他们度过快乐而有意义的童年。

（七）做有“思路”的老师

姓名：张贵鑫

单位：西安第四军医大学校直幼儿园

职称：小学高级教师

专业：学前教育学

研究方向：幼儿教师专业发展

2013 年 7 月 24 日上午，西安市第四军医大学校直属幼儿幼园高级教师张贵鑫为本次“‘国培计划’——农村幼儿园中青年骨干教师置换脱产研修项目西华师范培训班”学员做了“做有‘思路’的教师—— 谈幼儿园案头工作的撰写”的专题讲座。

关于“案头工作”这一词可能许多一线教师尤其是农村幼儿园教师还比较陌生。因此，张老师首先对“案头工作”的定义进行了简单的分析。她认为案头工作是指与幼儿园教育行为、管理行为等相关的文字工作。它随着计划经济的产生而产生，随着“教育科学化”管理的开展而发展。案头工作不仅能帮助老师梳理思路、及时反思，还能提升教师的教育实践能力，体现专业性。在了解了案头工作的定义及意义后，张老师向大家介绍了幼儿园案头工作的种类：幼儿园教育活动安排表、教育教学活动记录表、观察记录表、教育笔记、听课记录、家园联系工作记录表，等等。

许多在一线工作的教师从事教育工作许多年，却很少认真想过自己手中的计划、总结、反思、随笔等应该如何撰写，也很少接受过相关的培训。我们往往成了网络的“奴隶”，一要上交什么文字资料，就上网“海选”一番，当个高级“裁缝师”，裁剪一番，然后拼凑在一起上交。因此，张老师认为，目前幼儿园案头工作的现状主要有以下三点表现：机械地应付，简单地拼凑，无意义地撰写。在就如何帮助老师提高案头工作撰写的方法上，张老师运用多个案例分析，提出要从形式和内容两个方面着手，指导我们学员要经常有意识地收集教育事件资料，要采取多种方法收集教育教学事件资料，对教育教学事件进行思考并寻找规律，及时整理和分析教育教学事件资料。

张老师提出要教出有思路的孩子，首先我们就要做一个有思路的教师，要以幼儿为主体。张老师的讲座让我们豁然开朗，基本掌握了如何写案例分析、如何学习优质教案，让我们不再像故事《鱼就是鱼》中的鱼那样思维了。

（八）幼儿园班级主体墙饰的规划与运用

姓名：吴雨纾

单位：重庆新村幼教集团

职称：小学高级教师

专业：学前教育学

研究方向：幼儿园环境教育

《幼儿园教育指导纲要》指出，环境是重要的教育资源，应通过环境的创设和利用，有效地促进幼儿的发展。可见，幼儿的发展、教育离不开环境这个重要因素。环境作为一门隐形的课程，里面蕴含了无限的教学、教育资源。因此，在幼儿园教育中，创设良好的班级环境，对幼儿的启蒙教育起着不可替代的作用。基于此，2013 年 7 月 26 日，来自重庆新村幼教集团的吴雨纾老师以“幼儿园班级主题墙饰的规划与运用”为主题，给国培幼师班的学员深入剖析了幼儿园班级环境的创设。

首先，吴老师从《纲要》中对环境的定义入手，指出环境就是特指幼儿的成长环境，包括互动性物质环境、人员环境、心理环境、家庭环境、自然与社区环境这五个方面，并分别对这五个方面的作用、意义和运用进行了详细的讲解。幼儿园班级环境与幼儿的一日生活紧密地联系在一起，所以环境创设尤为重要。由此，吴老师总结到，新理念下幼儿园班级环境的价值取向即一切为孩子的成长服务。

在对概念做了一个清晰的界定后，吴老师请在座的学员思考“幼儿园班级教育环境包含哪些内容”这一问题。在学员回答的基础上，吴老师指出幼儿园班级教育环境的内容主要包含两个部分：一是墙饰。墙饰又可以细分为主题互动墙饰、常规互动墙饰（家园栏、评比栏、值日表、其他长期开展的活动栏目）、活动区背景墙饰、装饰欣赏类墙饰（作品展示）。二是活动区。接着，吴老师又询问在座的学员：“你所在班级的教育环境是什么现状？具有什么特色？”在了解各位学员所在幼儿园的具体情况后，吴老师把这四类墙饰的含义、主要内容、注意事项等一一向学员指出，并出示数十张实例照片与学员一起分析、点评，使学员深刻领悟到墙饰的重要性，以及进行墙面装饰的方法、要点等。在讲解活动区时，吴老师不仅从理论上指出了活动区的意义、类型、常见的班级活动区，以及所要准备的材料、常见的问题等，还详细阐述了创设活动区的三个步骤，使学员们不仅了解了关于活动区的理论知识，更掌握了怎样创设活动区才能更好地教育孩子并提高孩子的综合素质。

吴老师的讲解深入浅出，结合实例进行分析，还让学员在课上积极动手参与，让学员在实践中学习，并在现场进行点评。此次讲座获得了学员的一致好评。

三、名师教学观摩

（一）玩报纸、双簧

姓名：蔡涛

单位：北京市第一幼儿园

职称：小学高级教师

专业：学前教育学

研究方向：幼儿园游戏

报纸在我们的日常生活中随处可见、随手可得，但是我们对它的处理办法更多时候是在阅读之后直接扔掉，很少考虑报纸的其他用途。来自北京的蔡老师就给大家带来了以“玩报纸”为主题的示范课。

活动伊始，蔡老师引导幼儿通过游戏“报纸变魔术”把报纸变成魔术棒，带领幼儿利用魔术棒进行热身运动。然后，通过提问的形式引导幼儿探索报纸的各种玩法：“小朋友们，我们把报纸拿来做游戏，想一想能够怎么玩？”然后给幼儿每人一张报纸，让他们去探索不同的玩法。在幼儿探索报纸的玩法时，蔡老师仔细地观察幼儿探索出的新玩法，并加以指导：“你这个玩法很有趣，还有别的玩法吗？”在观察两个或多个幼儿一起玩时，对他们的行为给予鼓励。在探索报纸的玩法时，有的孩子把报纸当作金箍棒，有的孩子折手枪，有的孩子还把报纸撕成面条，有的孩子利用报纸进行捉迷藏游戏，等等。在幼儿眼里，报纸就像魔术师变魔术一样变化多段，妙不可言。报纸的“一物多玩”让在座的学员受到了深深的震撼，没想到日常生活中被随意丢弃的废旧材料竟能在课堂上有这么大的用处。在这个活动中，幼儿得到了自由、自主、自动的活动机会，锻炼了身体，幼儿的创造能力也得到了提高。

第二堂活动课，蔡老师给大家带来了令人耳目一新的双簧表演。双簧是曲艺中的一种，由甲、乙两位演员进行表演，甲化妆在前，模拟动作、口型，做形体表演，称“前脸”；乙在后说唱，称“后脸”。这个表演需要两人，配合默契。这一表演在四川地区很少见到，但是却得到了孩子们和学员的一致喜爱。

我们平时看到的双簧作品多数面向成人，离幼儿的生活较远。双簧表演对演员的基本功和相互之间的配合要求比较高，因此，幼儿园教育活动中基本不涉及这个方面的内容。此次蔡老师所选的表演内容既贴近幼儿生活，又适合双簧表演——游泳和跑步。首先，让幼儿欣赏蔡老师的表演，初步了解双簧的特点。然后蔡老师与幼儿尝试，第一次表演：幼儿做“后脸”，老师做“前脸”。第二次表演：幼儿做“前脸”，教师做“后脸”。最后让两个幼儿进行自由组合，一人在前、一人在后上台进行表演。表演完后，集体对他们进行评价，总结幼儿的经验。

蔡老师的两堂课感染了教室里的每一位幼儿，孩子们都被新颖、有趣的游戏所吸引。活动中，幼儿由陌生到熟悉，从不敢张口到跃跃欲试，从被动地接受到主动参与活动，在座的学员都赞叹不已。

（二）幼儿园语言活动

姓名：钟青

单位：重庆新村幼教集团

职称：小学高级教师

专业：学前教育学

研究方向：幼儿园语言教育

幼儿期是语言发展的一个关键期，只有当幼儿学会如何说话时，才能正确地表达出自己的想法，才能与同伴正常沟通，同时也才能接受外界环境的信息刺激。这些目标的实现都是借助于语言这一工具来实现的， 因此在幼儿园开展语言教育活动是非常重要的教学活动。所谓幼儿园的语言活动活动，是一种有目的、有计划地组织幼儿围绕某一个话题进行谈话的语言教育活动。旨在创造一个良好的语言环境，帮助幼儿学习倾听别人谈话，围绕一定话题进行谈话，习得与别人交流的方式、规则，培养与人交往的能力。

2013 年 10 月 15 日上午，来自重庆新村幼教集团钟青老师为本次“国培计划”——农村幼儿园骨干教师置换脱产研修项目西华师范培训班学员授课——《幼儿园语言活动现场观摩》的示范课。

我们幼儿园中很多老师都不敢去开展幼儿园语言活动课，主要是由于幼儿年龄小，知识结构松散，注意力集中时间短，因此需要任课老师具有丰富的教学经验才能将一堂语言活动课上好。此次语言活动课上，钟青老师把语言、健康和美术三大领域的活动相结合，借助幼儿喜爱的游戏主角——“愤怒的小鸟”引入活动主题；其次再采用谈话的方式让幼儿了解到愤怒带给大家的危害；然后通过提出问题，激发幼儿思考的形式让幼儿找到解决愤怒的方法，并将所想得方法画在画纸上，与同伴进行交流。

此次活动课选材丰富多样，适合幼儿的身心发展和思维特点，准备充分。从头饰的运用到挂图的操作，都充分展示出教师课前的准备工作做得很到位。教师的备课能力具体表现在：一是课堂上的教学环节都很明晰，二是教学环节的设计比较流畅而有新意。课堂朴实，教师能紧扣目标，将教学环节层层深入。其教学方法、教具使用、教学语言、衣着仪表等都真实自然、十分到位。注重“以幼儿为本”的发展原则。教师能以幼儿的语言发展为中心，创设宽松自由的学习环境，引导幼儿积极探索，让每个孩子在不同水平上得到发展。真正体现了《幼儿园教育指导纲要》的精神：创设了一个自由、宽松的环境，支持、鼓励幼儿大胆想象，积极发言，使每个幼儿都乐意参加活动；为幼儿提供充足的时间和空间，让幼儿有了更多的尝试机会，体验到了不同学习方式的乐趣，每个过程都可以使幼儿获得经验、梳理经验、提升经验。此次观摩课让学员深受启发，不仅小朋友玩得很开心，我们的学员也因此收获颇丰。

（三）园本资源开发——以彝族音乐为例

姓名：王燕

单位：西昌市东风幼儿园

职称：小学高级教师

专业：学前教育学

研究方向：幼儿园音乐教育

音乐是一种艺术形象，通过音乐活动，可以增强幼儿的记忆力、想象力、创造力，提高幼儿的听觉辨别能力和敏感性。幼儿音乐教育的目的不在于让幼儿接受音乐技能的训练，而是为了让幼儿在音乐中感受美、发现美、享受美，以此让幼儿获得更高尚的情感，促进幼儿和谐全面发展。

2013 年 10 月 9 日上午，来自西昌市东风幼儿园的王燕老师为本次“国培计划”——农村幼儿园骨干教师置换脱产研修项目西华师范培训班学员授课——《园本资源开发——以彝族音乐为例》的示范课。

伴随着美妙的音乐，王燕老师给大家带来了一堂具有彝族特色的音乐游戏活动。此次活动非常精彩，让我们的学员受益良多。首先，王老师给孩子们带来了一首旋律轻快、节奏鲜明的彝族音乐《卡莎莎》。在听着音乐的同时让幼儿通过“开火车”这一游戏去掌握音乐的节奏，分辨出不同节奏的快慢并通过火车行进速度的快慢对不同的节奏进行把握。这一环节的设计不仅调动了幼儿的积极性，给予了幼儿展示的机会，还让幼儿体验到了音乐的美妙。其次，王老师还对“开火车”这一游戏活动进行了延伸，对幼儿的知识拓展做到了有效的连接。在游戏中引导幼儿了解铁路是怎么来的——很多大哥哥修建的；设置情境，让幼儿体验铁路修到高山下那种愉悦的心情；提出问题，启发幼儿思考，让幼儿学会感恩。“我们应该对修建铁路的大哥哥们说什么呢——“谢谢”“你们辛苦了”。正如苏霍姆林斯基所说：“音乐教育并不是音乐家的教育，而首先是人的教育。”在整个课堂设计中，每一个环节都体现出了对幼儿的为人教育，这也是这堂课的优势所在，值得我们学员深思。

此次音乐游戏活动各个环节组织有序，逻辑清晰。从回顾彝族人民喜欢的色彩、乐器到模仿火车鸣笛、开动的声音，体会节奏的快慢，到跟着节奏让火车在自架的轨道桥梁上活动起来。在课堂上，我们看到孩子们参与活动的积极性和参与活动时展现出来的快乐，也感受到了老师教学时的认真和热情。整堂课氛围融洽、愉悦，让我们在场的所有学员老师们都不由地会心地微笑起来。王老师独特的教学风格给我们留下了非常深刻的印象。

第二章　学员风采

本章主要介绍了幼儿环境的创设和教玩具的创新，同时展示了培训学员们集中培训期间大量的优秀教学设计成果，共计三节。

幼儿环境是幼儿发现世界和认识世界的重要渠道之一，同时又是一种重要的教育资源。它就像是一位不会说话的老师，深深地影响着幼儿各方面能力的发展。幼儿园的班级环境创设更是作为一种“隐性课程”，在开发幼儿智力、促进幼儿个性发展等方面具有不可低估的教育作用。我国著名的教育家陈鹤琴先生指出：“怎样的环境刺激，得到怎样的印象。” 环境是幼儿参与互动的无声舞台，是幼儿与外界信息交流的窗口，更是幼儿尽情想象和创造的一个跳板。在班级环境创设上，我们有主题环境的墙面创设与游戏区域环境创设。同时，《幼儿园教育指导纲要》明确要求，“幼儿园应为幼儿提供健康、丰富的生活和活动环境，满足他们多方面发展的需求，使他们在快乐的童年生活中获得有益于身心发展的经验”。因此，加强幼儿对教室环境的参与和创造，具有十分重要的价值和意义。

游戏是幼儿活动的基本形式和重要的教学途径，作为游戏的载体——玩具材料——在满足幼儿游戏愿望、培养孩子想象力和创造力等方面有着至关重要的作用。在幼儿教育的探究实践中，自制教玩具的出现和应用显示出了极为重要的积极作用，并被越来越多的教学实践所采用。它十分贴近幼儿的身心特点，在具体形象的教学中实现幼儿教育的高效开展，对幼儿教育的发展有着特殊的意义，并为以后的学习教育奠定了扎实的基础。自制教玩具主要是幼儿教师自己制作的教玩具，主要以剪、画、缝、贴等各种形式制作而成。它能大大地激发幼儿的创造力、想象力并有效提升其智力和合作交往能力，满足幼儿内心的需求。

本章主要就幼儿环境的创设和教玩具的制作，充分展示了幼儿教师们的专业能力和职业素养，显示出幼教工作者们在学前教育领域自主研究教学和不断创新的探索精神。

一、环境创设

（一）顽皮一夏

创作成员：张晓红、况旭、周艳梅、张大双、黄纯、何倩、刘英、王生琴、唐小艳、刘萍

制作材料：KT 板、彩色卡纸、胶水、双面胶、彩色笔

该作品所选的主题是“顽皮一夏”，通过利用常见的彩色卡纸以及剩余的卡纸边角料制作而成，该主题共分为四个板块，分别为“动听的夏天”可口的夏天“神奇的夏天”快乐的夏天“。制作者的设计初衷是“通过讨论，让幼儿感知夏天的特点，感受夏天的快乐，认识蝉、青蛙等动物的声音，了解夏天的蔬菜和水果的种类。”

该作品材料易于收集，制作方法简单，色彩鲜艳，适合大班幼儿学习使用。从四个方面形象生动地阐释了夏天，让幼儿对夏天有了一个更加深刻的认识，如：“动听的夏天”主要是为了让幼儿更好地认识夏天的一些动物的声音，可以在语言活动的时候，让幼儿讨论自己在日常生活中所听到的声音，或给幼儿展示图片、视频。“可口的夏天”主要是让幼儿了解夏天的蔬菜以及瓜果的种类，在这里教师可以通过实物展示，也可以让幼儿从家里带来，让幼儿一起观察、品尝、分享、交流。“神奇的夏天”主要是让幼儿感知夏天的特征，夏天天气炎热，有时会下暴雨，通过展示风雨雷电的图片，让幼儿了解天气的变换。“快乐的夏天”主要是让幼儿感受夏天的快乐，如女孩子到了夏天可以穿好看的裙子，夏天可以吃到可口的冰激凌，等等。在这一主题活动中，可以使幼儿从多个方面得到发展，如语言能力、观察能力、听力等。

（二）夏天来了

创作成员：刘丹、冯巧英、凌琳、莫林、谢周瑜、谢浩林、田灵芝、王雅娴、曾莉、王淑娟

制作材料：KT 板、各色卡纸、废旧纸板、皱纹纸、胶水、双面胶、彩色笔

该作品选用的主题是“夏天来了”，一共分为四个板块，分别为：“我眼中的夏天”“消暑好方法”“节能小卫士”“创意小天地”，紧密围绕“夏天来了”的主题，分板块呈现主题内容。

该作品材料易于收集，制作方法简单，整体布局合理。“我眼中的夏天”将在各色小板块底子上以实物、照片、师幼共同绘制的图片等方式呈现与主题相关的内容：夏天的气象（温度计、太阳、雷雨、闪电等标志）、夏天的衣着、夏天的果蔬、夏天的装备（雨伞、雨靴、太阳镜、游泳圈、扇子等图片），“消暑好方法”将在各色小板块底子上以照片和幼儿绘画的图片来呈现主题相关内容，如食物降温（冰激凌、爆冰、绿豆汤等），工具降温（扇子、电风扇、空调等），外加游泳、树荫乘凉等，除此之外心情很重要——心静自然凉，保持良好的心情，不急躁。“节能小卫士”将在各色小板块底子上呈现和幼儿共同讨论制作的节能标识，如：多用扇子，少用空调；尽量步行，少自驾；节约用电，少看电视等。“创意小天地”将在各色小板块底子上呈现与主题相关的幼儿作品。如幼儿绘画作品“快乐的夏天”，幼儿自制的扇子、风扇，幼儿自制的夏季服装等。

（三）有朋友真好

创作成员：彭敏、张辉、钟丽萍、魏代华、吴世君、董晓芳、刘倩、刘晓艳、杨霄、陈蓉

制作材料：KT板、彩色卡纸、胶水、双面胶、彩色笔

此作品选用的主题是“有朋友真好”，一共分为四大板块，四大板块给孩子留了足够的空间，可以粘贴幼儿的作品，让幼儿能够参与到环境的布置中来。让孩子做环境的主人，把环境还给孩子。

此作品材料易于收集，制作方法简单，整体布局合理。主要采用了各种颜色的卡纸，卡纸等材料价格便宜，制作起来很方便。第一板块是“有朋友真好”，目的是通过语言表达、讲述朋友的体貌特征并说出自己是怎样和朋友相处的。第二板块是“想让你高兴”，目的是通过讲述自己和朋友不愉快的经历以及怎样和好的经历，体验不一样的情感。第三板块是“好朋友行个礼”，目的是通过歌曲的学习，体验交朋友的情感目标，并分享和不同的人交朋友的经验。第四板块是“沉下去、浮上来”，目的是通过科学实验，让幼儿找到能“浮上来”的朋友和“沉下去”的朋友，并学会分类。

（四）小班活动区设计

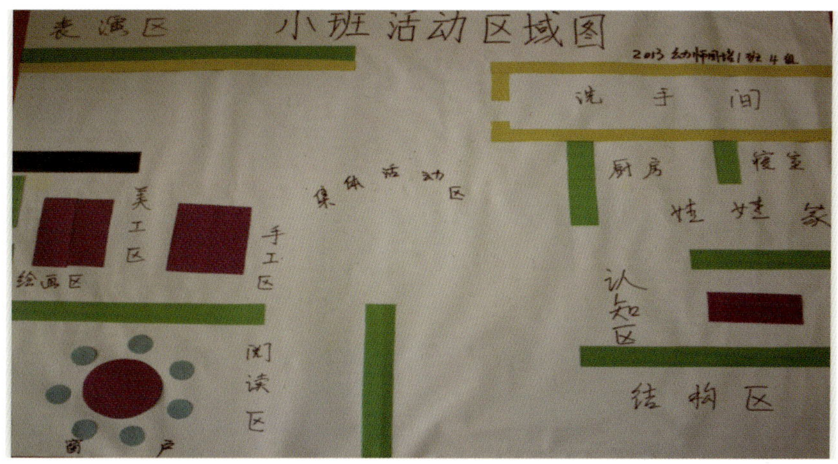

创作成员：李辉、张志坚、张弘、胡蓉、魏筱、张和波、曾正俊、兰琼英、黄丽华

制作材料：KT板、彩色卡纸、胶水、双面胶、彩色笔

该作品选择了小班区角活动的设计这一主题，主要规划了娃娃家、认知区、美工区、阅读区、结构区、表演区六个区角。该作品的目的是让孩子在区角游戏中快乐玩耍，身心全面协调发展。

该作品主要是通过剩余的卡纸边角料制作而成的，大大节约了成本，且制作简单，各个区域划分明确，布局合理。区角划分的理由是：表演区布置在走廊，因为表演区比较吵闹，所以选择布置在走廊，以免影响其他区角游戏的开展。娃娃家布置在进门处，因为娃娃家是小班幼儿最喜欢的游戏，要布置得相对宽敞一些，所以就把娃娃家布置在教室门口。为了方便材料的取放，我们将娃娃家分为厨房和寝室。阅读区布置在窗户下面，保证足够的采光，以免影响幼儿的视力。因为阅读区要求相对安静，所以就安排了美工区和结构区。认知区布置在娃娃家和结构区之间。美工区布置在阅读区旁边，里面分绘画区和手工区，方便材料的取放。考虑到小班幼儿的年龄特点及模仿习惯，材料的投放应遵守种类少、数量多的原则，标识清晰，整齐归纳，多开展平行游戏。投放的材料要根据孩子的需要及时撤除与补充。

（五）小蝌蚪找妈妈

创作成员：李娇、彭蓉、陈娟、刘洁、刘明霞、胡春华、贾洪梅、唐红萍、何应琼、李雨恒

制作材料：卡纸，海绵纸，手工纸，蜡笔，水粉颜料，剪刀，双面胶，固体胶等

该作品以故事“小蝌蚪找妈妈”为背景，设计了一个适合小班幼儿年龄特点的主题墙。通过对故事已有经验，在小蝌蚪找妈妈的曲折过程中，让孩子认识鸭子、鱼、乌龟、白鹅、青蛙这些动物，并了解它们的外形特征。在找妈妈的过程中，让孩子了解青蛙的生长过程。

该作品色彩鲜艳、形象生动，植物和动物都使用剪裁了的彩色卡纸进行粘贴，拼凑了一个主题情境画面，形象生动，比较适合小班幼儿的发展特点，易于激发幼儿游戏的兴趣。此作品设计者考虑到小班幼儿还不能熟练识字，因此采用图形和色彩来表现主题，激发幼儿的想象力。此作品能够激发幼儿对手工艺术的兴趣爱好，通过简单的线条和图形来表达对事物的认识和理解。让幼儿在多个领域都得到发展，语言领域：以提问的方式，引导孩子说出小蝌蚪在找妈妈的过程中，遇到了哪些小动物，通过图片展示，让幼儿识别、记忆不同小动物的特点。社会领域：通过老师的故事讲述，让孩子知道小朋友之间要互相帮助，互相关心。艺术领域：手指点画小蝌蚪、荷叶上的露珠；添画水波浪，能够让幼儿体验到游戏的参与感，培养幼儿的动手能力。科学领域：在故事情节中，了解青蛙的生长过程；练习手口一致地点数主题墙上的小动物，激发幼儿对大自然的兴趣和好奇心，感受自然与人的和谐共存，树立热爱和珍视生命的意识。

（六）家园一家亲

创作成员：冯琳、唐维、陈燕、王锐、殷红梅、张锐、梁莛、任佳、蒲静、罗海琼

制作材料：KT 板、剪刀、彩色卡纸、水彩笔、皱纹纸、双面胶、泡沫纸、废报纸等

幼儿园的教育需要家长配合，家园合作是幼儿园工作的重要方面之一，因此，该作品制作了家园联系栏，栏目分为四个板块，即：“周计划”“课程生长树”“育儿妙招”“温馨提示”。通过这四个部分的展示有利于家园的密切沟通与联系。展示的内容可以是文字的贴纸，也可以是图片。

该作品充分利用了剩余的边角料以及废旧报纸，最有特色的是小花的制作，小花用剪蘑菇时剩下的彩色泡沫纸边角料剪成长条形然后对折，将三个对折好的彩条中心用订书针固定。最有特色的是花心，用了一个旧物利用，先用废报纸揉成团，然后再用彩色皱纹纸将其封住，最后黏在花的中间。

该主题四个板块都有其特色，“周计划”版块里将提前贴出下一周的计划，以便家长了解需要他们配合的事情；“课程生长树”是记录幼儿在这一周的课程结束后将本周教学内容衍生出的新的知识点，由家长反馈；“育儿妙招”由教师或家长介绍幼儿养育方面的知识；“温馨提示”则是提请家长注意的一些问题，或者张贴通知等。这个主题的设计主要是能让家长对幼儿的学习内容以及怎样更好地教育孩子有个大致了解，同时也将其作为家长与老师沟通的桥梁。主题墙上，将用三个微笑的蘑菇来寓意孩子们在学校里是快乐的，蘑菇上用了一些彩色的圆点进行装饰，主题四周用彩色小花进行装饰点缀，整个画面开心热闹，营造了让幼儿快乐成长的氛围。

（七）认识时钟

创作成员：余丽、夏春、岳金蓉、蒲丽蓉、梁春霞、王桂春、庞碧英、陈春艳、李萍

制作材料：卡纸、双面胶、剪刀、水彩笔、泡沫板、小图钉

该作品主要是通过运用各种颜色的卡纸、图钉等常见的材料制作而成。通过时钟与花的结合，使幼儿的学习不再那么枯燥乏味，对时钟产生兴趣，这样

可以减少幼儿认识时间的难度。该作品的设计初衷是“通过观察及幼儿自身的尝试活动来认识时钟，初步了解时针、分针之间的关系，掌握整点、半点并知道其规律，结合日常生活理解时钟的用途。培养观察力、思维力、动手能力及大胆尝试精神。教育幼儿养成良好的生活习惯。”

学前班是幼儿从幼儿园到小学的过渡阶段，也是幼儿接受数学知识（“数”和“形”）的萌芽时期，在这个时期老师要根据幼儿的特点寓教于乐，使他们在玩中认识最简单的“数”和“形”的概念，并进一步培养他们对数学的学习兴趣。该作品包括五颜六色的图画、生动有趣的故事、憨态可掬的小动物，以及深受欢迎的卡通形象，这不仅给数学赋予了生命，更为我们提供了丰富的资源。有了这些，教师们还不能简单地使用图片来进行灌输式教学，而是要让幼儿学会看图、用图、讲图，让他们看到、摸到，更快进入学习角色。也可以将其用在美术活动中，喜欢画画是每个幼儿的天性，在教学活动中，根据幼儿喜欢动手画画的特点，把美术教学中的画画作为辅导手段组织教学，进一步增强他们的认知性。在学习“时钟”中，让幼儿通过自己在生活中看到的“钟”“手表”，把“钟”“手表”画出来。让他们通过画画来认识时间所具有的特点，从而认识时间，了解掌握时间，并进一步加深他们对“时钟”的认识。

（八）家园互动曲

创作成员：徐春玉、王丽、王勤、邝娟、杨雪、周家欢、李萍、伍冰菊、李凤娟、黄晶

制作材料：各色卡纸、废旧的纸箱、海绵纸、KT 版、棒纸

该作品所选择的主题是“家园互动曲“，家园联系栏是教师和家长沟通的纽带，也是教师及时发布教学信息，家长了解幼儿在园情况，宣传科学育儿经验的窗口，更是家长之间交流的平台。该主题一共分为五个板块，分别用各色海绵纸剪成不同的形状，如长方形、圆形、扇形、三角形、棱形。分别涉及的内容是：周计划、健康育儿、家长反馈、温馨提示、爱心之家。

“周计划”主要呈现的是一周教学活动的设计与安排，为的是教育教学活动有序的开展，从而达到预定的目标；“健康育儿”主要是教师与家长以及育儿专家的一些科学育儿方法的呈现，为的是使孩子健康地成长；“家长反馈”的投放内容主要是针对家长所特别设置的板块，主要投放的是家长对幼儿园教育教学活动的意见或建议，为的是幼儿园的教育教学活动能够更好地开展，更好地为幼儿和家长服务；“温馨提示”主要是对一些突变的气候变化，或者是将园内的一些活动计划及安排的改变告知家长与幼儿，方便他们对此作出相应的安排；“爱心之家”主要是将孩子们在园里的活动剪影、亲子互动剪影、幼儿自主动手制作的手工作品、幼儿的表演活动剪影等进行张贴，让家长对孩子在园内的成长情况有一个大致清晰的了解，同时也能激发幼儿参与活动的积极性。这些有力地促进了家园互动，达到了家园共育的理想效果。

（九）精彩的夏天

创作成员：刘婉、蒋玉霞、罗明亚、蒲巧蓉、莫云梅、屈小婷、周娇、李娇、李莎莎、杜晓梅

制作材料：彩色卡纸、胶水、双面胶、彩色笔

此作品主要是针对中班幼儿做出的创设，所选用的主题是“精彩的夏天“，一共分为两个板块，第一个板块是“热闹的夏天”，设计的目标是通过这样的主题墙展示可以让幼儿了解夏天的很多水果，对夏天的喜爱，还有对水果制作的兴趣，丰富幼儿的学习经验。第二个板块是“夏天的水果”，通过这一板块的创设我们可以让孩子了解夏天常见的各种水果。

此作品材料易于收集，制作方法简单，整体布局合理。在“精彩的夏天”的主题活动中，我们可以根据幼儿讲述自己对夏天的感受，和幼儿一起讨论“如何度过炎热的夏天”，比如：穿凉快的衣服，吃冷饮，多游泳，打太阳伞，戴太阳镜等。我们可以和幼儿一起穿上凉爽的夏装，到大自然中去倾听夏天的天籁之音，和孩子一起动手制作夏天的拖鞋和扇子等，在不断的实践、观察、发现、思考和讨论中，孩子们都会有不同程度的成长。通过师幼共同创设主题墙饰，让幼儿获得与同伴合作成功的快乐体验。在“夏天的水果”这一主题中，我们可以让孩子了解夏天常见的各种水果，孩子对生活感受能力的表达有了自己的意见和主张，能够提出自己独到的见解，在整个主题中，我们还可以请家长帮助幼儿自备 1 ~ 2 种夏天的水果和蔬菜，家长能按照规定日期逐一将物品带来，从而成功地与孩子们开展冷餐会，这样家长对我们的工作有了进一步的了解，也更加提高了他们的参与自觉性。每次通过家校配合制作的玩具都能出新，为孩子准备的材料更是让孩子们能很好地玩游戏，让每个孩子都能参与。通过实践，我们感到主题活动以分组教学的组织形式开展，有利于教师的观察与指导，更有利于幼儿的参与实践，大大增强了师幼的互动效果。

（十）亲亲一家人

创作成员：高宁莉、王俊梅、李秀、邓萍、阳丹、唐华、唐秀荣、陈丽萍、吕晓萍、吕丽萍

制作材料：彩色卡纸、胶水、双面胶、彩色笔

此作品主要针对小班幼儿的主题墙设计。主要包括“亲亲一家人”“宝宝懂礼貌”和“我的本领大”等几个部分组成。“宝宝懂礼貌”主要是展示一些基本的日常礼貌用语，让幼儿受到潜移默化的影响，学会文明用语。“我的本领大”使幼儿通过认识树上果实的数目来学会数数。

此作品材料易于收集，制作方法简单，整体布局合理。建筑物、植物和人物都采用简笔画和剪裁的彩色卡纸，形象生动，比较适合小班幼儿的发展特点，易于激发幼儿游戏的兴趣。“亲亲一家人”一栏可以张贴班级小朋友和教师以及家长的照片，可以张贴家园沟通的一些小建议，可以起到营造良好生活氛围的作用。“宝宝礼貌用语”符合了幼儿好模仿、可塑性强的心理年龄特征，为幼儿养成良好的行为用语习惯打下基础。“我的本领大”让幼儿自己动手剪裁各种果实形状的彩色卡纸，进行一定数量的粘贴，这样奠定了幼儿的美术基础和数学基础。此作品能够激发幼儿对手工艺术的兴趣爱好，同时初步学会简单的数数和以数配物。作品颜色鲜亮、线条形状简单，易于小朋友自己动手来进行剪裁、粘贴。

（十一）家园小憩

创作成员：汤薇、祝凤鸾、史莨璃、蒋瑜、郑晶莹、杨无娇、刘凤、蒋艾伶、杜岚、黄秀英

制作材料：彩色卡纸、胶水、双面胶、彩色笔

此作品所设计的主题是“家园小憩”，这主要是一个家园联系栏，目的在于促进家园联系，增进家园情感，让家长了解到班级的基本情况。整个版面分为了四个板块，即“快乐一月”“精彩一周”“我学会了”“健康导读”，每个板块的目标和内容都有所不同，板块所展示出的教育内容和价值对幼儿和家长都十分有意义。

此作品材料易于收集，制作方法简单，整体布局合理。“快乐一月”：张贴一个月具体的教育教学内容和目标；“精彩一周”：把一周内的教育教学活动和内容进行张贴；“我学会了”：幼儿在幼儿园里所学会的小本领，可以通过照片的形式记录下来，家长也便于理解，还可以张贴一些幼儿感兴趣的儿歌；“健康导读”：张贴一些关于育儿健康知识方面的内容，促使幼儿养成良好的行为习惯。我们按照幼儿的年龄特点来做整体的安排，应一切从幼儿的水平和发展需求出发，要让幼儿做主，让幼儿成为区域的主人。我们在区域环境的创设中既要考虑到幼儿之间能相互交流、共同合作，又要注意彼此之间互不干扰，从而使幼儿能专注投入某一活动，充满自信地探索问题。我们要善于利用班级环境的因素，通过师生共同商量，采用固定和灵活设置相结合，创设丰富多彩的、多功能的、具有选择自由的环创或者区角，让每个幼儿有机会自由选择，用自己的方式进行学习。在幼儿园的环境创设过程中，老师要不断地动脑思考，了解和分析幼儿的心理，尊重幼儿，真正做到让环境来影响幼儿、教育幼儿，使得每个幼儿在适合的环境中成长。

（十二）家园驿站

创作成员：梁芳、田小莉、陈杰、王和琼、余晓丽、杨玉蓉、赵丹、魏在淑、郭孝容、郝娟。

制作材料：彩色卡纸、胶水、双面胶、彩色笔

此作品主要针对于小班幼儿的家园互动的主题墙创设。此作品“家园驿站”展示教学生活的“一周计划”“育儿经典”“温馨提示”，这三个板块可让家长掌握一些好的育儿知识和方法，让家长了解幼儿园的最新动态。三个板块相辅相成、互相联系，每个板块都提供了家园双方的日常生活信息，呈现内容可以是文字，也可以是图片或者两者同时呈现。

此作品材料易于收集，制作方法简单，整体布局合理。动植物的装饰都采用剪裁的彩色卡纸，形象生动比较适合小班幼儿的发展特点，易于激发幼儿游戏的兴趣。主题墙配有文字说明及主题网络，便于家长了解，图文并茂，主题墙的内容可以不断地延续下去，不仅是单一的内容，它可以生成出很多的新的内容。同时还可以让幼儿在教师和家长的引导下自己来表达一些对生活和学习的建议，教师可以采用幼儿自己的语言和图片，这样幼儿就可以更好地参与到家园互动中来。主题墙还可以展示幼儿的所思、所想、所言，表现幼儿的个性，为每个幼儿提供展示自己的平台。让幼儿自己参与其中，主动来完成主题墙的制作和创设，以达到交流学习的目的。家园互动的内容要随幼儿的成长变化而变化，不能一成不变。作品颜色鲜亮，线条形状简单，易于小朋友自己动手来进行剪裁、粘贴。

（十三）愉快的夏天

创作成员：刘莉、刘立、孔令红、李善波、卿世艳、张维娜、费代红、罗羽、谯跃兰，叶才燕

制作材料：彩色卡纸、胶水、双面胶、彩色笔

此作品主要针对小班幼儿的主题墙创设。该主题是夏季的主题，通过椰树和火辣的太阳，以及在海里游泳的小朋友向人们展示了一个热情但又清凉的夏季。该主题可以引发幼儿对夏季的认识以及对夏季所适宜从事的运动有了一些认识和联想，可以引发幼儿对夏季气候特色、生活方式的一些思考和讨论。

此作品材料易于收集，制作方法简单，整体布局合理。植物和人物都采用剪裁了的彩色卡纸进行粘贴，拼凑了一个主题情境画面，形象生动比较适合小班幼儿的发展特点，易于激发幼儿游戏的兴趣。此作品主要考虑到小班小朋友还不能熟练识字，因此此设计方案采用图形和色彩来表现主题，激发幼儿的想象力。此作品能够激发幼儿对手工艺术的兴趣爱好，通过简单的线条和图形来表达对事物的认识和理解。教师可以引导幼儿针对夏天这一主题进行一系列的讨论：夏天的气候特征、夏天的植物种类和形态、夏天人们的衣着特点、夏天人们适宜进行的体育活动。在主题一致的情况下，教师可以引导幼儿自行参与到主题的建设中来。通过不同事物和情境来表达幼儿对该主题的认识和理解。主题墙颜色鲜亮、线条形状简单，易于小朋友自己动手来进行剪裁、粘贴。制作是幼儿和老师共同参与的活动，有助于培养幼儿的参与性和主体性。

（十四）家园联系栏

创作成员：谢娟、陈思、郑文昕、彭娇、邓杨蕾、徐兰、黄小珍、文春燕、郑雪

制作材料：彩色卡纸、胶水、双面胶、彩色笔

此作品主要针对小班幼儿的主题墙设计。其主题是家园联系，包括“周计划”“月计划”“健康宝宝”三个部分。这三个部分的展示有利于家园的密切沟通与联系。展示的内容可以是文字的贴纸，也可以是日常的生活照片。

此作品材料易于收集，制作方法简单，整体布局合理。建筑物、植物都采用剪裁过的彩色卡纸，形象生动，比较适合小班幼儿的发展特点，易于激发幼儿游戏的兴趣。此作品制作时，考虑最多的是主题墙的实用性和教育性，并且让幼儿参与制作的空间大。做到了“把环境还给孩子”。充分体现了主题墙创设的教育价值，师幼互动，发挥了幼儿的主体性，将教育目标显现出来了。作品颜色鲜亮、线条形状简单，易于小朋友自己动手来进行剪裁、粘贴。同时，发动家长与幼儿、教师与幼儿、家长与教师的互动，将日常的生活经验及其较为合理的生活学习计划进行交流，完善幼儿的生活经验。此主题墙的制作是幼儿、老师及家长共同参与的活动，有助于培养幼儿的集体荣誉感、合作精神。

（十五）家园对对碰

创作成员：陈小锐、杨艳、刘海燕、何丽、李敏、代秀红、庞静、魏亚琴、杨茹月

制作材料：彩色卡纸、卡纸、皱纹纸、泡沫纸、白纸、双面胶、照片等

此作品主要是针对中班幼儿做出的创设。家园联系栏是教师和家长沟通的纽带，是教师及时发布教学信息、家长了解幼儿在园情况，宣传科学育儿经验的窗口，更是家长之间交流的平台。此作品将“家园对对碰”作为一个区角进行创设，分为四大板块：一个是“温馨提示”，二是“童年趣语”，三是“一月计划”，四是“健康育儿”。

此作品材料易于收集，制作方法简单，整体布局合理。四个板块都有其特色。温馨提示栏，架家园连心桥。为了使家园联系栏真正发挥家园对话的作用，提高家长们的育儿水平，让“温馨提示”聚人气，教师及时更新和充实家园联系栏内容，使“温馨提示”“健康指南”等一系列栏目以崭新的姿态呈现在家长面前。家长接送孩子时可以通过家园联系栏随时了解孩子的学习情况，让家长掌握科学的育儿知识，使家长、幼儿与环境真正互动起来。这些可以吸引家长朋友，并且有力地促进了家园互动，达到了家园共育的理想效果。童年趣语栏，把孩子们在幼儿园有趣的言行举止用照片或是文字记录的方式张贴在栏里，让家长和孩子共同分享快乐和幸福。一月计划，让家长知道本学月开展的各种活动、计划，需要家长共同参加的活动等都张贴在这一栏里。健康育儿，张贴一些育儿知识，家长也可以将自己的育儿经验贴在栏里与大家分享，让孩子们健康成长。

（十六）夏季服装秀

创作成员：许永凤、邵琳瑛、邓晓红、唐春丽、敖楠琰、谢静、肖铱、田小菊、贺小曲

制作材料：彩色卡纸、胶水、双面胶、彩色笔

此作品主要针对小班幼儿的主题墙面创设。主要包括主题、游戏的规则两个部分。主题是“夏天来了”，采用夏季特征的事物形象和色彩搭配，展现一个火辣辣的太阳和茂盛的大树，体现夏天的季节景色。本主题“夏季服装秀”，展示的是晾衣绳的制作、树叶的制作及服装、鞋子的设计制作。

作品材料易于收集，制作简单，整体布局合理。各种物体的制作都是先用简笔画的形式在彩色卡纸上描摹出来，再将其剪裁成形，形象生动较适合小班幼儿的发展，易激发幼儿游戏的兴趣。墙面创设“夏季服装秀”，版面清晰，色彩搭配很好，一个火辣辣的太阳和茂盛的大树，体现了夏天的季节特征。其中晾晒的衣物都是幼儿操作的部分，充分体现了“墙面的对话功能”。能让幼儿辨认夏季服装，能用语言大胆表达夏季服装的特点；能让幼儿用油画棒、水彩笔等绘画材料画出夏季服装，使用剪刀剪出基本形状。作品颜色鲜亮、线条形状简单，易于小朋友自己动手来进行剪裁、粘贴。制作是幼儿和老师共同参与的活动，有助于培养幼儿的集体荣誉感和合作精神。老师们创设的墙面，充分体现了幼儿园环境创设的全面性、效用性及主体性，不只注重环境创设的单项作用，改变了内容的片面化，空间利用都很充分，走出了只注重教师提供、忽略幼儿介入的误区。

二、作品采撷

（一）趣味球

根据《3-6 岁儿童学习与发展指南》和《幼儿园教育指导纲要》要求，健康领域被放在了首位，所以经过我们组的集思广益，设计制作了这个关于体育活动的教玩具。该作品主要运用废旧的报纸、毛线、皱纹纸、透明胶材料制作而成，制作起来特别简单，主要把报纸裹成长条拧成圆形，并用皱纹纸包裹外层，用透明胶固定，使它外观看起来漂亮美观。该作品设计的意图是锻炼幼儿大肌

肉的发展和幼儿的合作意识，对颜色的感官认识，以及对数字概念的感知。

主创者：张大双

参与者：况旭、周艳梅、刘英、张晓红、何倩、唐小艳、刘萍

制作材料：废旧报纸、皱纹纸、透明胶、废旧毛线

玩法：1. 让幼儿抛接彩球；2. 角色游戏时可以使用

优点：废物利用，取材便利，颜色鲜艳，绿色环保，安全健康，适合各年龄阶段幼儿操作使用

该作品适用于各年龄阶段的幼儿，这个教玩具可以运用到我们早操、器械操、幼儿运动会中。平日幼儿园一日生活中，幼儿可以这样玩：可以把套圈用于角色游戏中，扮演司机时当作方向盘使用，也可以把套圈当作圈来滚，还可以玩“钻钻钻”的游戏（一个人拿圈从上往下钻或多人玩钻山洞的游戏），幼儿之间还可以互相合作，玩“抛接蹦蹦球”游戏。它既锻炼了幼儿四肢协调能力，锻炼了幼儿的大肌肉和小肌肉，又培养了幼儿的想象力和创造力，让幼儿认识各种颜色，初步感知了数的概念，让幼儿自主探究各种玩法。

该作品主要运用废旧物品，取材方便，制作简单，注重废旧物品的利用，用途广泛，场地不限，室内室外都可操作。家长还可以在家制作，与幼儿一起做亲子游戏，蹦蹦球深受幼儿的喜爱，是一个很不错的教玩具。

（二）开心乐园

主创者：田灵芝、谢浩林、凌琳

参与者：田灵芝、谢浩林、凌琳、莫林、刘丹、谢周瑜、冯巧英、曾莉、王淑娟、王雅娴

制作材料：废旧 KT 板、废旧纸盒、废旧纸杯、磁铁、回形针、彩色即时贴、双面胶、彩色卡纸、瓦楞纸

设计意图：1. 引导幼儿认识 10 以内的数字，点数；

2. 认识颜色、图形，进行分类；

3. 初步认识时钟，根据游戏活动的画面自主创编故事。

玩法：1. 通过图形小路，认识图形及颜色，学会分类；

2. 让幼儿用钓鱼竿钓鱼，将钓到的鱼放入相应的花篮；

3. 让幼儿摘水果，将摘到的水果放入相应的花篮；

4. 认识时钟。

这组玩教具适用于幼儿园小班、中班、大班的幼儿。它可以用于幼儿数学活动、科学活动、语言活动等。

作品制作方法：

1. 用彩色即时贴装饰 KT 板，呈现出乐园里绿草遍地、生机盎然的景象。

2. 用彩色海绵纸制作一个椭圆形的小池塘；用彩色卡纸制作小鱼，并将回形针别在小鱼的嘴上；将卡纸卷成细长条，并用透明胶固定好，用细线的一头绑好磁铁，把另一头固定在卷好的卡纸条上，做成钓鱼竿，这样，可以钓鱼的池塘就做好了。

3. 用画、刻、剪的方法将白色卡纸做成长椅，放置在池塘的边上。

4. 用刻、剪、粘的方法将废旧鞋盒、卡纸、瓦楞纸制作成漂亮的小房子，将画好的卡纸时钟粘在房顶上，时钟房就做好了。

5. 将废旧的纸杯涂上好看的颜色，剪开与未涂色的纸杯粘在一起制作成花篮，并在花篮上写上数字，花篮就做好了。

6. 将废旧的纸杯剪成 8 瓣，粘贴在细长的纸条上，做成栅栏，围在 KT 板的四周。

7. 用卡纸制作两棵大树，用卡纸制作 10 个苹果、10 个梨、10 朵花（或者是其他的水果），将水果或花朵粘在树上即可；没有粘完的分类放在花篮里备用。

8. 在小路上贴上圆形、三角形、正方形的图案，这样图形小路就做好了，并将剪好的图形分类放置在贴有图形标志的花篮里备用。

作品主要功能：

1. 利用提供的图卡、物品、数字，幼儿可以认识 10 以内的数字，点数。通过摘果子（从树上摘几个水果，就放在写有数字几的花篮里），钓鱼（用带磁铁的钓鱼竿去钓，去碰别有回形针的小鱼，钓到几条鱼就放在写有数字几的花篮里），鼓励幼儿进行数物匹配，了解数物对应的关系，让幼儿在做中玩、玩中学，增强了幼儿参与数学活动的兴趣，以及对科学活动的兴趣。

2. 这组教玩具有利于引导幼儿认识颜色、图形，进行分类、点数，发展了幼儿的逻辑思维能力。

3. 在认识数字的基础上，中大班的孩子可以初步认识时钟。

4. 孩子们还可以根据游戏活动的画面，自主创编故事，发展幼儿的语言表达能力。

作品主要特点：

1. 利用废旧物品制作：作品充分利用生活中常见的、容易收集的废旧物品纸杯、纸盒来制作。

2. 实用性强：此组教玩具不只外表好看，而且具有很强的实用性，可操作性很强，对幼儿园开展教育教学活动很有用。

3. 这组教玩具可以用于教学活动中，也可以投放在游戏区角中，可以一个人玩，也可以多人玩。

（三）举重器

主创者：一班第三组全体成员

参与者：刘晓艳、刘倩、陈蓉、杨霄、董晓芳、吴世君

制作材料：废旧易拉罐、废旧竹竿、废纸板、瓦楞纸、手揉纸、双面胶、透明胶

设计意图：调动幼儿参加户外游戏的兴趣，达到尽情玩耍、充分运动、增强体质的目的

我们制作的教玩具是举重器，用于户外体育游戏活动。该玩教具适合不同年龄段的幼儿使用，可以根据幼儿的年龄大小、体力大小等，直接往易拉罐里加入适量的水、豆子、沙子等填充物，增加举重器的重量。它可以锻炼幼儿的小肌肉、大肌肉、臂力等，促进幼儿动作协调发展，从而达到体育锻炼的目的。该作品不仅可以用来举重，还可以让幼儿玩挑担子的游戏，还可以用来做器械

操等，还可以让幼儿发挥自己的想象力，自由玩耍。

这个举重器的制作方法很简单，它主要利用常见的废旧易拉罐、废旧竹竿、瓦楞纸、手揉纸、双面胶、透明胶制作而成。在制作时，我们先用透明胶把易拉罐两个一组地绑在一起，再把绑好的三组易拉罐缠在一起。这样六个易拉罐捆成一捆，共两捆待用。然后再把准备好的竹竿两头用纸板包一下，这样易拉罐捆在竹竿上就不会有缝隙，再把竹竿的中间部分用瓦楞纸和手揉纸包装一下。最后将准备好的两捆易拉罐绑在竹竿的两头固定好，再把易拉罐的两头略作点缀，易拉罐举重器就完成了。我们原计划用及时贴把易拉罐包装起来，但为了呈现作品的本色，让幼儿真实地感受到怎样利用废旧物品，所以放弃了包装。

（四）拼图数字棋

主创者：一班第四组全体成员

参与者：张和波、张志坚、胡蓉、张弘、曾正俊、魏筱、兰琼英、黄利华、李辉、李红璐

制作材料：废旧纸板纸盒、卷纸芯、即时贴

设计意图：激发幼儿对数学的兴趣，能从游戏中构建初步的数学概念

玩法：先将棋盘拼凑完整，再让幼儿通过掷骰子的方式，按数字 1～30 的顺序送小动物回家

具体的制作过程：1. 裁剪 4 个大小一样的正方形纸板；
2. 用黄色即时贴包装；
3. 拼成大正方形，在上面贴出一条蓝色的弯弯曲曲的小路；
4. 在路的起点贴出小猫和小狗的头饰，终点贴出房子、烟囱、石头路；
5. 用卷纸芯做两个纸筒娃娃，代表棋子；
6. 用废旧的方形纸盒做一个骰子。

按数字 1～30 的顺序拼成一个大正方形，大正方形上就呈现出小动物回家的路线。一条弯弯曲曲的蓝色小路在黄色底板的映衬下显得格外耀眼，红墙绿瓦的房顶上一个蓝色的小烟囱，袅袅炊烟徐徐上升，蓝色小门前还镶嵌着一条石头小路，可爱的小白兔和小花猫正焦急地等待着小朋友送它们回家呢！看着这一幅美丽的画面，孩子们就会有玩游戏的冲动。

该教玩具适合大班幼儿在益智区玩耍，具体玩法是：两个小朋友先将棋盘按数字顺序拼成一条通路，再通过掷骰子比较数字的大小，确定走的顺序，约定走的规则。接着每人选一个纸筒，轮流掷骰子，骰子是几，小朋友就将纸筒按约定的规则走几步，最后，将纸筒娃娃先送回家的小朋友为胜利者。游戏可以反复进行，可在每次游戏前重新选择走棋的规则。

走棋的规则有：① 按 1～30 的顺序一步一步走；② 按单数双数走；③ 倒着走等。

让幼儿在玩棋的竞技游戏中学习数学、感受数学，更能激发幼儿学习的兴趣。让幼儿亲身体验数字 1～30 的顺序，而不是死记硬背阿拉伯数字，这更符合幼儿学习和发展的特点。

（五）运动小达人

主创者：一班五组全体成员

参与者：彭蓉、李娇、陈娟、刘洁、刘明霞、胡春华、贾洪梅、何应琼、唐红萍、李雨恒

制作材料：废旧纸盒、卡纸边角料、挂历

设计意图：该教玩具适合各个年龄段的幼儿操作，了解身体结构，学习利用肢体语言表达，知道运动的好处

该作品利用废旧月饼盒、卡纸边角料、挂历、双面胶、勾线笔等制作而成。能激发幼儿拼图的兴趣，进而提高幼儿的想象力、创造力和动手能力。该教玩具适合各个年龄段的幼儿。首先，运用在小班，在拼的过程中，让幼儿了解自己身体的外部结构，进一步了解身体的各个部分是由什么组成的。比如：头部有眼睛、眉毛、鼻子、耳朵等，还可以让幼儿学习点数和找规律，还能促进幼儿自我辨别意识的发展。

其次，该教玩具运用在中班，通过拼接而成的人，可以使幼儿初步认识形状，并模仿动作。同时可以几个幼儿共同商量协作，体会共同合作的快乐。在拼好之后，请幼儿介绍肢体动作，来提高语言表达能力。在已有的经验上，进一步认识更多的颜色。

最后，该教玩具运用在大班，让幼儿尝试自由搭配肢体动作，认识颜色并进一步感知色彩的鲜艳，从而提升幼儿的审美能力。身体结构部分可以由幼儿从画到剪再到拼自主完成，发挥幼儿的想象力、创造力和动手操作能力，体会作品完成后的成就感，增强幼儿的自信心。除此之外，还可以利用幼儿的作品进行角色游戏表演。

（六）有趣的小木块

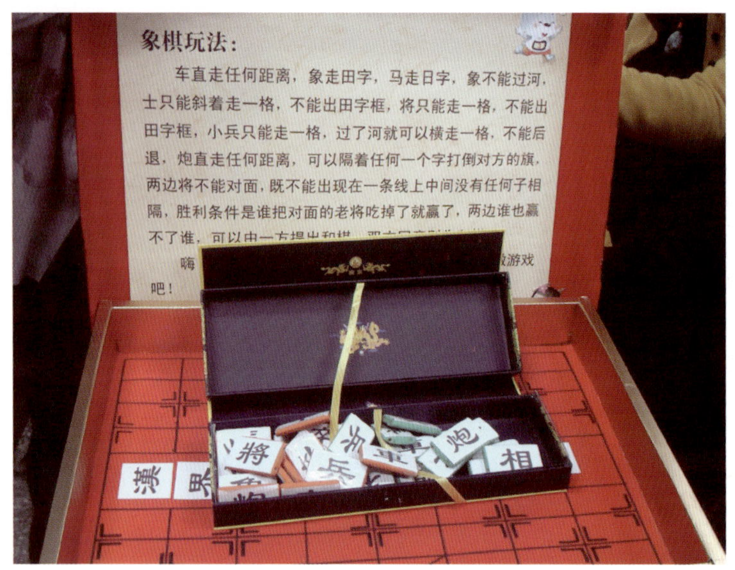

主创者：一班第六组全体成员

参与者：梁莛、张锐、陈燕、唐维、冯琳、任佳、王锐、殷红梅、蒲静、罗海琼

制作材料：月饼盒、废旧麻将席竹块、卡纸、即时贴、双面胶、各种广告颜料

设计意图：发展孩子的智力，帮助幼儿学习分类、点数、排序、排队、分解组合和加减法

玩法：1. 象棋；2. 趣味数学；3. 分合器

一、设计意图

中国象棋在我国已经有着两年多年的历史，是我国的国粹，深受我国人民群众的喜爱。无论是在城市，还是在农村，无论是在街边，还是在公园，我们到处都可以看到象棋爱好者在棋盘上厮杀，而很多家庭的家庭成员也会下象棋。应该说，很多孩子从小就在这样的环境里成长，耳濡目染，喜欢上了象棋，因此，我们小组决定为孩子制作一副中国象棋，让他们可以在幼儿园里和小伙伴一起学习下中国象棋，这既可以对孩子进行民族传统文化的熏陶，也可以发展孩子的智力，培养他们的意志品质。

数学教育是科学领域的教学内容之一，需要大量的教玩具来帮助幼儿学习数学，培养他们对数学的兴趣。因此，我们决定为孩子制作"趣味数学"和分和器，以此帮助幼儿学习分类、点数、排序、排队、分解组合和加减法。

二、制作方法

因为月饼盒的颜色鲜艳、设计精美，幼儿看到这些月饼盒，就会想起我们的传统节日——中秋节，同时，鲜艳的颜色和美丽的图案，也会给予幼儿美的熏陶，令其感受艺术美；而废麻将席的竹块是天然材料，非常环保，我们将竹块从麻将席上拆下来洗净，然后晾干，再在竹块上涂上鲜艳的颜色。

（1）象棋：给两种不同颜色的竹块贴上象棋棋子上的字，在月饼盒的底部画上棋盘，一副象棋就制作成功了。

（2）分和器：将竹块按颜色用拆麻将席的细线按 1 到 10 的顺序分别穿起来，再分别固定在月饼盒上。

（3）趣味数学：将月饼盒里的小方格涂上不同的颜色，将竹块分别涂上与月饼盒里的小方盒一样的颜色。

三、玩　法

1. 象棋

车直走任何距离，象走田字，马走日字，象不能过河，士只能斜着走一格，不能出田字框，将只能走一格，不能出田字框，小兵只能走一格，过了河就可以横走一格，不能后退，炮直走任何距离，可以隔着任何一个棋子打倒对方的旗，两边将不能对面，即不能出现在一条线上，中间没有任何棋子相隔，胜利条件是谁把对面的老将吃掉了就赢了，两边谁也赢不了谁，可以由一方提出和棋，双方同意则为和棋。

2. 趣味数学

（1）把小方块送回颜色相同的“家”（按颜色分类）；

（2）给小方块排队（按规律排序）；

（3）可以作为点数教具。

3. 分合器

用途：幼儿复习已学过的10以内的分解法；

玩法：幼儿在操作盘上任意地移动小竹块进行分解练习。

（七）快乐的小火车

主创者：一班第七组全体成员

参与者：况旭、周艳梅、刘英、张晓红、何倩、唐小艳、刘萍

制作材料：废旧纸箱、卡纸、皱纹纸、勾线笔、剪刀、双面胶、透明胶

玩法：1. 可以放在区角供幼儿玩耍，让幼儿把布娃娃放在里边玩开小火车的游戏；

2. 可以在火车的车厢里放上不同的图形，让幼儿玩分类的游戏；

3. 可以在车厢上面编上数字让幼儿在玩中学习数学。

该作品创意新颖，选材便利，制作简单。制作玩具的主要材料来源于日常生活中，比如废旧纸箱。火车头的制作主要是选用一个大的正方形卡纸，在卡纸上画出兔宝贝的形象，显得非常可爱；火车皮是用废旧纸盒组成的，把每个纸盒用皱纹纸链接起来，最后，为了美观起见，用皱纹纸简单做几朵小花，自然地粘贴在每节车皮上面，这样一个可爱的、形象的多车厢式小火车玩具就大功告成了。

该作品的设计意图主要是满足孩子们对小车尤其是小火车的向往和喜爱，可以把小火车放在区角供幼儿玩耍，让幼儿把布娃娃放里边玩开小火车的游戏。在满足孩子们对小火车产生兴趣和好奇心的同时，他们对火车这种交通工具的作用和价值有一个初步的认识和了解。另外，此幅作品可以作为小班幼儿手工课堂上的模仿制作对象，孩子们有兴趣也有能力完成该作品的学习和制作。

教师们可以借助幼儿对小火车的兴趣开展一系列活动和教学工作，可以把每节车身上面贴上不同的图形，然后把一些放在一起的图形模型交给孩子，让他们学会把对应的图形放回相应的车厢里，这样经过此活动，让他们学会认识图形，学会分类；另外，可以在车厢上写上数字，这样可以利用形象直观的火车车厢，让孩子们认识抽象的阿拉伯数字，激发孩子们学习的兴趣。在这里，笔者只是讲出了此教玩具的几种简单用途，相信只要幼儿教师充分发挥了想象力，并坚持以幼儿为主体，此教玩具定会发挥出独有的魅力和价值。

（八）数字彩色图卡操作盒

主创者：一班第八组全体成员

参与者：徐春玉、王丽、王勤、邝娟、李凤娟、黄晶、李萍、伍冰菊、周家欢、杨雪

制作材料：牛奶箱、卡纸、双面胶、筷子

设计意图：培养幼儿认识图形、分辨颜色、排序点数、计算加减的能力

优点：利用废旧材料，制作方便、简单，便于幼儿操作玩耍，可以训练幼儿的逻辑思维和动作操作能力

此作品利用废旧材料，易于收集，制作过程简单，用平时手工材料剩余的彩纸边角料便可制成简单的数字色图卡操作盒。该作品主要针对小、中、大班幼儿，通过幼儿动手操作学习和认识数字、分辨颜色、认识图形、进行加减计算，等等。特别是能够理解数字所代表的实际意义。另外，学前阶段的孩子的身心发展特点具有独特性，但是他们的思维特点是直观形象的，很难进行抽象的学习和记忆。

因此，该作品是一个非常有意义、有特色的幼儿数学教学教玩具。主要帮助幼儿学习理解抽象数字与具体实物对应的意义，更重要的是它能够激发幼儿学习数学的兴趣。

（九）扇扇乐

主创者：二班第一组全体成员

参与者：莫云梅、刘婉、罗明亚、李莎莎、蒋玉霞、李矫、周娇、李娇、屈小婷、蒲巧蓉、杜晓梅

制作材料：废旧纸箱、纸板、双面胶、即时贴、废旧塑料油桶

设计意图：培养幼儿科学的探究兴趣，对生活的观察能力、动手能力和协调能力

玩法：让幼儿用扇子对准动物的大嘴扇风，也可投放到区角游戏中，激发幼儿探索科学的兴趣

该作品利用废旧纸箱、纸板、剪刀、双面胶、纱布、塑料瓶等制作而成，小青蛙的形象可爱、生动，大大的嘴巴是孩子们的最爱，幼儿都比较喜欢大嘴（大洞洞）的游戏。设计团体的创作初衷是：让孩子们亲自通过扇风的动作对准小动物的大嘴扇风，风从动物嘴进去，风力通过纱布，把里面的废纸屑吹起来，从而让幼儿观察、探索空气、风的一些秘密，培养科学的兴趣。

该作品制作过程简单，用废旧纸箱制作小青蛙的身体，里面用即时贴进行装饰，用多彩的无纺布做小青蛙的头，然后在纸箱的上方用刻刀刻一个与塑料油桶一样大小的圆，把油桶剪成一个上下相通的圆柱，用一块纱布罩在圆柱的下方，放进纸箱的洞口，再把一些彩色的小纸屑放在圆柱里，最后用废纸板等做几把扇子。

该作品主要是针对中、大班幼儿而设计的，可以同时将几个（老师和小朋友合作）作品投放到区角游戏中去。本作品以幼儿亲身体验为出发点，能够激发幼儿参与探索科学的兴趣，并且能够让风吹动动物大嘴里面的纸屑，幼儿看到五彩缤纷的纸屑飞舞起来一定会非常高兴，从而激发孩子们对大自然的热爱和探索科学的欲望。通过操作、探索的游戏活动让孩子们在玩中学、学中玩，乐趣无穷。

（十）聪明屋

主创者：二班第二组全体成员

参与者：高宁莉、李秀、邓平、陈莉萍、王俊梅、阳丹、唐秀荣、吕晓萍、唐华、吕林英

制作材料：废纸箱、卡纸

设计意图：培养幼儿对图形和图形标记的认识能力

玩法：用于集体教学，幼儿将整理好的图形按“聪明屋”墙上的图形标记分类投放

该作品制作简便，材料主要是选自废弃的纸箱、卡纸、双面胶等。首先将一个长方体纸箱的两个侧面挖空，然后将卡纸上挖出正方形、圆形、三角形等形状，将卡纸贴在被挖空的长方体的两个侧面。然后用两块纸板在纸箱的顶部制作出屋顶，在屋顶上设计一些可爱的小动物形象，吸引幼儿的注意力。此作品的创作初衷是：激发幼儿兴趣，学习按要求整理材料，养成良好的操作习惯。

此作品针对中班幼儿设计，让幼儿在游戏中认识各种不同形状的图形，比如：在集体活动中，可让个别幼儿上台进行演示操作，将自己手中的图形分类投放；也可在活动结束时，全体幼儿将自己手中的图形整理好后集体投入到相应图形标记屋内。

总体来说，这个教玩具取材方便，制作简单，成本低而实用性强，不仅可以锻炼幼儿对图形和图形标记的基本认识能力，还可以让幼儿学会进行分类整理。

（十一）奇妙的书

主创者：二班第三组全体成员

参与者：汤薇、史苠璃、祝凤鸾、蒋艾伶、黄秀英、杜岚、刘凤、杨无娇、郑晶莹、蒋瑜

制作材料：废旧布购物袋、海绵、针线、魔术贴

设计意图：培养幼儿对颜色、数字、形状和简单字词的基本认识能力，促进幼儿的认知能力和动手操作能力的发展

该作品利用废旧的布购物袋、海绵、针线和魔术贴，让幼儿自己动手翻阅。这本书和幼儿们在生活中所见到的书有很大的不同，幼儿在翻阅的过程中会不自觉地被书里的内容所吸引，它具有直观性、趣味性，幼儿会感受到书的多变性，提高对颜色的分辨能力。让幼儿从书中自己去发现和探索，这大大地引起了幼儿强烈的好奇心，激发了幼儿的探索欲望，会让幼儿体验到自己动手翻阅的乐趣。

该教玩具适合小、中班年龄阶段的幼儿，小班的幼儿生活经验不丰富，他们所拥有的知识大都属于直接经验。在使用这本书时，幼儿首先学会了解颜色，会被色彩艳丽的颜色所吸引，在翻阅中每一页的内容都会激起幼儿想要学习的欲望。边翻边看边了解，直观、形象，使幼儿对颜色、图形、数字有一定的认识，这样，既使幼儿体验到了学习的快乐，又得到了锻炼。

到了中班，幼儿们已经对书里的内容有一定的掌握，我们可以直观地告诉幼儿书里每一页的数字、各种形状等都是可以进行交换的，这样又激起了幼儿的好奇心和探索欲望。幼儿们会自己发现和想象，把魔术贴上的数字、形状等取下来，让幼儿利用自己的想象力和对数的认识进行粘贴，可以把每一页的内容都按自己的想法改变和交换。中班幼儿具备了一定的语言能力，利用这本书我们可以大胆地让幼儿用自己的语言说一说书的颜色、形状和内容等，这既锻炼了幼儿的语言表达能力和认知能力，又符合了幼儿发展的特点。书里也有一些汉字，可以让幼儿把即时贴上的各种颜色的长方形取下来，那么上面就剩下关于颜色的汉字，让幼儿自己帮助不同颜色的长方形找对它们自己的家，这对幼儿又是一项挑战，幼儿们会通过自己的识字经验去判断，这不仅巩固了幼儿的识字经验，而且幼儿通过自己动手操作，有了一定的生活经验。除此之外，还可以根据幼儿自身的知识经验把这本书进行改编，在今后的学习中会有良好的发展。

这是一本内容较为丰富的图书，跨越了幼儿教育的各个领域。它便于操作，激发幼儿的想象力和探索能力，通过一次次操作和认识可以帮助幼儿建立自信心。幼儿们一起玩一起发现一起学习，相互间就有了一定的默契，对于幼儿来说这是一本奇妙且令人充满学习欲望的书。

（十二）智慧猪

主创者：二班第四组全体成员

参与者：梁芳、王和琼、魏在淑、郭孝蓉、田小莉、郝娟、余小莉、杨玉蓉、赵丹、陈杰

制作材料：废旧矿泉水瓶、卡纸、海绵纸

设计意图：培养幼儿的观察力、动手能力

玩法：让幼儿自己观察图形，学会按从小到大排序，学会分类，可以投放到数学区

该作品设计新颖，选材便利，制作简单。制作玩具的材料基本都来源于生活中的一些废旧材料。小猪的制作是用红色卡纸裹住矿泉水瓶，再在瓶盖处用黄色卡纸制作一个猪嘴，在瓶颈处贴上眼睛和耳朵，一只可爱的小猪造型便完成了。最后在小猪的身上贴上大小不一的三角形、正方形、圆形、长方形图形标志各三个，这样，一只可爱的智慧猪便完成了。

该作品是针对中班的数学游戏而设计的一款教玩具，幼儿在玩耍时可以认识不同的形状，同时可以让幼儿学会按形状的大小从小到大排序，如果打乱小猪身上的图形，还可以让幼儿学习分类。

（十三）废旧瓶子大变身

主创者：二班第五组全体成员

参与者：费代红、谯跃兰、李善波、卿世燕、张维娜、叶才艳、刘立、刘莉、孔令红

制作材料：废旧瓶子、即时贴、毛线、水管、三通、透明胶布

玩法：系鞋带，编辫子，大嘴巴，沙漏

优点：制作方便、简单，便于幼儿操作、玩耍，可练习幼儿手指肌肉的协调能力和想象力

该作品主要运用废旧的塑料瓶（饮料或者矿泉水）、毛线、即时贴、透明胶布等材料，制作起来比较简单。该作品的设计初衷是：锻炼幼儿手部的精细动作，让幼儿通过具体的操作使手部动作更加的灵活。

该作品适合于各年龄阶段的幼儿，由三个小游戏构成：

（1）系鞋带，编辫子。

该教玩具适用范围比较广，适合小、中、大班幼儿，该教玩具形象、可爱，可投放于益智区，可以让幼儿练习穿鞋带、打蝴蝶结、编辫子，可一人或两人结伴，相互帮助，三条彩色绳子，然后按照左一下、右一下，左一下、右一下，如此反复地进行直到绳子的末端。除此之外，还可以让幼儿思考，编好的辫子要进行固定。

（2）大嘴巴。

该教玩具适合小班幼儿玩耍，让幼儿把纸块喂入大嘴巴里。

（3）沙漏。

沙漏可有多种玩法，如在里面放入水、沙等，让幼儿观察它们的速度。

该作品有多种用途，很受幼儿的喜爱，是一个很不错的教玩具。

（十四）吸管变变变

主创者：二班第六组全体成员

参与者：邓杨蕾、徐兰、陈思、文春燕、彭娇、郑文昕、谢娟、郑雪、黄小珍

制作材料：废旧吸管、矿泉水瓶、双面胶、铝线、卡纸

设计意图：培养幼儿的手眼协调能力、动手操作能力、想象创作能力和审美观

该作品利用废旧吸管、废旧矿泉水瓶、双面胶、卡纸等，激励幼儿尝试用吸管来摆放出不同的图形，让幼儿感受吸管的多变性、易操作性，进而提高幼儿的想象力、创造力和动手能力。让幼儿体验制作活动带来的乐趣，激发幼儿动手操作的意识。而且该教具取材方便，制作简单，成本较低，可在数量上满足每个幼儿，也可以让幼儿直接参与到制作中来。

该作品适合各年龄阶段的幼儿。小班幼儿可用材料进行穿插点数和分辨颜色；中班幼儿可通过穿吸管，掌握简单的规律，还可以自由地创作摆图形，将吸管穿到铝线上进行自由变形；大班幼儿可以在此基础上加大难度，还可与同伴合作用吸管制作漂亮的粘贴画（剪、拼、贴）。

总的来说，在学前期，幼儿具有强烈的好奇心和好模仿的能力，他们会用多种方式表达自己的想法。老师可以引导幼儿充分利用废旧材料来制作教玩具，并充分培养幼儿丰富的想象力和创造力。

（十五）可爱的小动物

主创者：二班第七组全体成员

参与者：陈小锐、杨艳、杨茹月、代秀红、庞静、魏亚琴、何丽、刘海燕、李敏

制作材料：废旧光盘、废旧餐巾纸纸筒、废旧卡纸、矿泉水瓶盖、双面胶

设计意图：培养幼儿的观察能力、动手操作能力、审美能力，以及培养幼儿从小爱护小动物的情感

该作品是利用易收集的废旧光盘、纸筒、瓶盖、卡纸、双面胶等制作而成。让幼儿尝试用光盘进行设计和制作，让幼儿体验制作过程中的快乐，激发幼儿的想象力、创造力和动手能力。

该教玩具适合大班的幼儿。大班幼儿的思维有了一定程度的发展，但是仍旧对具体事物非常感兴趣。小动物形象生动，栩栩如生，很适合幼儿的身心发展特点，让幼儿在观察中感受到动物的可爱，不仅训练了幼儿的观察力，而且培养了幼儿热爱小动物的情感。

该教玩具还将美工和手工很好地结合起来，让幼儿在动手之前先将自己喜欢的小动物形象特征绘制出来，从而训练了幼儿的绘画能力。接着，幼儿又将小动物的五官用剪刀剪下来，使幼儿手指和手腕都得到了有效锻炼。最后再把剪下来的五官粘贴在光盘上，并用废旧纸筒固定，放在美工区供其他幼儿欣赏。

此外，通过制作小动物模型，可以加深幼儿对动物的了解，增加他们与自然亲近的机会，感受大自然与人和谐共存，增强幼儿热爱和珍惜生命的意识。

（十六）灰太狼球筐

主创者：许永凤、唐春丽

参与者：许永凤、唐春丽、邓小红、敖楠琰、邵琳瑛、肖铱、谢静、贺小曲、田小菊

制作材料：废旧纸箱、废旧纸张、废旧编织袋、卡纸、蜡光纸

设计意图：知道废旧物品可以制作成有趣的体育玩具，积极参加体育活动；通过游戏滚、踢、投锻炼幼儿大肌肉，训练幼儿反应力及身体动作的敏捷性

玩法：利用头饰扮演角色开展体育活动，如踢球、投球；还可以用于计算、美术教学等；根据球的颜色、大小进行归类、数数

该教具设计灵感来源于动画片《喜洋洋与灰太狼》和足球运动，通过小朋友熟悉的动画片形象引起幼儿兴趣。制作过程：第一步是将废旧的纸箱挖一个孔作为球门，在纸箱的背后再挖一个孔，并将废旧的编织袋用胶布固定上去作为篮球的网兜。第二步是将整个纸箱用彩色纸条进行装饰。在彩色卡纸上画好灰太狼头饰，将头饰用胶带固定在纸箱上，以吸引幼儿的注意力和激发幼儿的兴趣。第三步是将废旧的纸张用手揉成大小不等的小球，并用废旧的彩色纸进行装饰，并用亮胶固定。

该教玩具适合各年龄段的幼儿使用。大班幼儿相对于小班幼儿来说，身体力气大，当教具放在地面时可以训练幼儿踢球，放在高处时可以训练幼儿投球，锻炼幼儿的手臂力量。小班幼儿力气小，可以训练幼儿手眼协调将球滚进球筐，让幼儿认识颜色，比较大小，还可以进行点数。中班幼儿还可以用此教玩具学习规律排序等教学活动。

总体说来，此教玩具取材方便、制作简单，而且成本低，还利于环保，实用性强。不仅可以锻炼幼儿的身体，还可以让幼儿参与整个收集材料、揉球等制作过程，真正让幼儿在制作和玩耍中探索和学习。此教具还适用于多科教学，体现了一物多用的特点，并利用动物形象吸引幼儿注意力，符合幼儿身心发展特点。

第三章　国培历程

编者从国培参训学员的角度将本章定位为国培历程，其中又分为品学论教和感悟国培两节。第一节的品学论教部分对“品”“学”“论”和“教”四个主题进行了探讨。“品”是介绍国培学员品味国培课程之感，例如，营山县外国语幼儿园的蒋玉霞的其中一篇培训心得谈到对幼儿园教育小学化的思考，而思考和感悟的源头则是全晓燕老师所做的关于幼儿园教育小学化倾向的专题讲座。“学”代表学员学习课程所蕴含的幼教精神，如中江县人民路幼儿园的冯巧英所提交的关于“小泪包”的教育方案——“爱哭的孩子不是我”。“论”则以讨论幼教认知为主，德阳中江县大东街幼儿园的唐小艳在《我工作中遇到的最令人感动的一件事》则是对幼教事业探讨后的认知。“教”是本次国培的出发点，也是项目的最终落脚点。希望本次培训能教给参训学员学前教育的新思想、新理念，教会其更多的教育教学方法和技巧。

第二节为感悟国培。感悟是最好的反思，感悟国培的点滴，展现真实的国培。为此，这一节的所有内容都原文选摘于参训学员所提交的国培总结。这一节是学员对国培项目最真实的感触，对国培历程最真切的感悟展示。通过分析和总结这些国培学员最真实的感悟，以期更好地改进以后的国培工作，将国培事业更完美化。

由于时间、精力、篇幅有限，本章只选取了部分具有代表性的文章，编者对文章进行了局部的改动。

一、品学论教——专题感悟

（一）幼儿教育克服“小学化”倾向之浅见
——听隆昌幼儿师范学校全晓燕教授讲座有感

营山县外国语幼儿园　蒋玉霞

在这阳光明媚、知了欢鸣的季节，我有幸参加了幼儿学前教育国家培训。感谢领导给了我这个普通一线教师难得的学习机会，让我能够有幸聆听多位专家教授的精彩讲座，再一次感受到思想火花的碰撞；让我能够与来自多个地方的同行们一起学习探究、交流研讨，就像重新走入校园倾听老师的教诲一样，我对自己的教学有了更多新的认识。

2013 年 7 月 17 日，隆昌幼儿师范学校的全晓燕教授给我们带来了一堂引人深思的讲座。全教授声情并茂地为我们分析学前教育的“小学化”倾向的现状以及成因。通过列举的很多案例，我们进一步认识到防止和纠正学前教育“小学化”的重要性和必要性。坐在教室里，我不禁回想起了一位为孩子担忧而在我面前哭泣的家长，她一脸的忧伤让我一生难忘。

爸爸妈妈们深受现实的困扰，自从家中有了上幼儿园的孩子，相聚的重要话题之一，就是讨论幼儿阶段的教育问题。一些家长听说别人家的孩子在认拼音、识汉字、学算数、记单词时，心里就开始发慌：

“我家宝宝要不要去学呢？好像别人都在学啊？”

“现在不学，到了小学会不会吃亏啊？”

“提前学小学的知识，也许孩子以后压力会小一些吧。”

“要不要为宝宝换一家有识字特色、英语特色的幼儿园呢？”

……

现实中，我们经常听到这些疑惑和担忧，反映了当前家长们普遍存在的偏颇的幼儿教育观念。2011 年 12 月 28 日，教育部下发了《关于规范幼儿园保育教育工作 防止和纠正“小学化”现象的通知》。为什么幼儿教育不能“小学化”呢？其一，幼儿的学习方式和小学生是不一样的。孩子采用什么样的方式学习，是由其思维发展水平决定的。1～3 岁的宝宝还处于直觉行动思维阶段，这个年龄段的孩子往往依靠动作进行思考，而不能在动作之外思考。3～6 岁时期，幼儿的发展水平处于具体形象思维阶段。这个年龄的儿童会运用事物的具体形象、表象以及对表象的联想进行思考。也就是说，孩子在学习、思考时离不开具体事物的形象，也不可能深入事物的内在特征。所以幼儿阶段的教育，不宜采用类似抽象的知识讲解、书面作业练习的小学化方法。实际上，小学低年级的儿童，仍处于具体形象思维向抽象逻辑思维过渡的阶段，丰富具体的活动有助于产生良好的学习效果。其二，幼儿对文字的认识和书写有一个逐渐萌发展现的过程。为了给孩子的小学学习做准备，很多爸爸妈妈会让宝宝学习识字与写字。这个时候的孩子并不知道文字是什么，当孩子渐渐明白我们嘴里说出的话可以变成某种符号后，他们就会主动在生活环境中猜测、辨认符号（包括图案、标志、文字）的含义。其三，幼儿学习数学并不等于练习计算。父母对幼儿数学教育的认识，基本上等于“认识数字、练习算术”。所以一些家长疑惑，为什么已经教会孩子 10 以内，甚至 20 以内的加减了，让他用 5 元钱去超市买东西，还常常算不出该找多少零钱呢？其实，孩子并不理解这些抽象的数学符号换算有什么用，学会加减运算并不等于真正掌握了数学知识。

那么，面对如今这些现象，我们幼儿教师该怎么做呢?

首先，深刻认识幼儿教育“小学化”的危害。要遵循教育规律，不能人云亦云，亦步亦趋，盲目学习别的学校、别的老师的做法。要坚信真理在我。我们的教育不是要孩子输在起跑线，而是要帮助其奠定良好基础，让他们赢得未来；不是短视，而是打基础、利长远。

其次，教育引导家长克服“急功近利”的思想。当前，一些家长或多或少地存在着急功近利的思想，学前教育“小学化”就是其中一个具体的体现。家长的急功近利与学校的急功近利互为表里，是家长的急功近利推动了幼儿园的急功近利，甚至是家长“绑架”了幼儿园、幼儿园又“绑架”了老师。有家长说，“其他幼儿园都教小朋友识字、认数了，你们为什么不教，我孩子上小学以后不是比人家差一大截呀”。于是，很多幼儿园、很多幼儿园老师逼迫实施幼儿教育的“小学化”。作为一名负责任的幼儿园老师，我们应该给家长讲清道理，让他们明白：不同年龄阶段的孩子应该有不同的认知能力、认知水平、认知对象、认知方式，不能拔苗助长、好高骛远，好心办坏事；要遵循教育规律，不能盲目蛮干、盲目攀比，幼儿有幼儿的学习内容，小学有小学的学习内容，不能人为地跨越、赶超；要教育家长真正领会“欲速则不达”“学习不能提前透支”的深刻含意。如果小孩子在幼儿园就为学习所累，透支了学习兴趣，那他上小学就一点学习兴趣都没了。

我们不能合家长一时之意，害孩子一生之基。

最后，教给孩子该有的知识、技能和情感。例如在学习知识方面，要培养孩子学习的兴趣，和孩子一起发现、讨论生活环境中文字符号的含义，引导孩子用自己的方式探索、涂写文字符号，鼓励孩子用操作、探索的方式解决生活、游戏中的数学问题，而不是要教多少语、数、外知识。在技能方面，要培养他们“吃”“穿”“玩”“乐”的本领，而不是技能考核。《四川省幼儿园基本办园标准（试行）》的征求意见稿中就要求：“室外活动场地宜集中设置，应包括活动器械场地、30 米直跑道、玩沙池、玩水区（贮水深度不得超过 0.3 米）和儿童种植、饲养园地等。”可见玩耍是幼儿的重要任务，而不是各种考级拿证。在情感方面，要从小培养孩子们的爱心、孝心、同情心，学会与他人和谐相处，而不是攀比他人、炫耀自己、欺负弱小。只有学校、家长、老师共同提高认识，共同呵护孩子，才能给孩子们创造一个快乐的童年、多彩的童年，既赢在当下，又赢得未来。

（二）爱哭的孩子不是我
——“小泪包”教育方案

中江县人民路幼儿园　冯巧英

婷婷是我实习班级年龄较小的孩子，聪明，乖巧，可就是有点小气、爱哭，班上的小朋友都叫她“小泪包”。

婷婷的爱哭有时是毫无征兆的：老师提问时小朋友都把小手举得高高的，婷婷也举了，老师没有请到她，她的眼泪马上就会溢出来；和婷婷一起玩的小朋友绊倒了在地上，老师问婷婷知道是怎么回事吗？婷婷也会什么话都不说，只会用“哭”来告诉你答案；老师请小朋友三个一组玩“套圈”游戏，婷婷没有找到游戏的伙伴，又独自在那抹眼泪！鉴于婷婷爱哭的情况，许多小朋友都不爱与她玩，这就让婷婷觉得孤单，就更爱哭了。作为婷婷的老师，我有责任帮助婷婷改掉爱哭的小毛病，况且在每个班都会有像她一样爱哭的“小泪包”，为了让这些“小泪包”能和其他小朋友一样健康快乐地成长，我认为制定切实可行的“小泪包”教育方案很有必要。

我首先通过对婷婷的观察，找出“小泪包”们爱哭的原因：当需要没有得到满足时会哭；害怕批评和惩罚时要哭；当感觉孤单、缺乏关爱时也会哭。

知道了“小泪包”们爱哭的原因，就可以“对症下药”了。

方案 1. 老师态度平和，冷静克制自己，保持情绪的轻松和平静。知道婷婷爱哭，作为老师，我们要有足够的思想准备，一旦她哭了 ，才不会因为缺乏思想准备而惊慌失措。保持情绪的轻松平静，用平和的态度去感染她，用温暖的语言去和她交流，了解她的需要和想法，而不能她哭你就不胜其烦，就对她进行指责、讥讽，这样只会使师生矛盾升级，让她对老师、对幼儿园的生活产生厌恶和抵触情绪，这样不利于孩子的健康成长。

方案 2. 老师要有一颗热爱孩子的宽容之心。多鼓励，少批评，反省自己，提高自身素质。有些老师见孩子做错事就一味地批评体罚，在孩子心里留下阴影，特别是某些胆小的孩子（如婷婷）为了逃避老师的责罚，就自己先把自己吓哭了。因此，作为老师，我们要多站在孩子的角度给他们理解和宽容，并给予正确的指导和帮助，让他们消除恐惧心理，勇于承担并改正，让他们不再哭泣。

方案 3. 教师要有原则地满足孩子合理的需要。幼儿园的孩子不仅有衣食住行等基本的生活需要，还有精神需要，并且希望其需要被满足。因此，老师在设计教学活动时尽量面向全体幼儿，力争让每个幼儿都有参与的机会，满足他们的表现欲望。但满足他们的需要也是有原则的，活动前要明确地告诉他们这一原则，并平静耐心地向他们说明这样做的原因，让他们明白原则对他们意味着什么。有了原则就要坚持不为眼泪所动，让他们明白在原则面前“眼泪战术”是无效的。久之孩子自己便会发现无理取闹是多么的无趣，减少无谓的哭泣。

方案 4. 鼓励爱哭的幼儿多与其他小朋友玩耍，帮助他在活动过程中建立友谊。遇到困难时老师要请其他朋友帮助他，营造团结互助、被关爱的氛围，帮助这类幼儿建立乐观、自信的品格。

方案 5. 做好家园联系工作，了解孩子在家情况以及喜欢哭的原因。一方面“对症下药”，帮助幼儿加以改正。另一方面向家长传达好的教育理念，家园携手，共同改变幼儿，让他们能坚强起来。

总之，爱哭不是幼儿天生的，而是后天学到的交流方式，只要我们能做到用我们的细心去发现、用爱心去关怀、用耐心去感化、用正确的方式去引导，相信一定能让“小泪包”快乐起来，让孩子们一起大声喊出：“爱哭的孩子不是我！”。

（三）我工作中遇到的最令人感动的一件事
——洋洋进步了，妈妈哭了

德阳中江县大东街幼儿园　唐小艳

时光如流水，一转眼，我从事幼儿教师这个职业已经整整十七年了。幼儿教师的工作是很平凡而又辛苦的，但这份平凡和富有创意的事业的确让我感到非常骄傲、自豪！因为我用汗水和爱心浇灌着孩子们稚嫩的心田，同样孩子们也用他们天真、坦率、真诚的爱感染着我，让我快乐，让我感动！我是一个很感性的人，工作中让我感动的事有太多太多，别人一个鼓励的眼神，一句温暖的问候，孩子们一声声稚嫩的问候，一张张可爱的笑脸，天真的话语，单纯的目光，伤心的哭泣，一点点进步……每天每天，我都被这些孩子们深深地感动着，有时会让我感动得鼻子酸想流泪，眼睛湿润，甚至泪流满面！但最让我感动的还是家长们对孩子那份浓浓的爱。

我班有一位孩子名叫洋洋，他瘦瘦的，能说一口比较标准的普通话。刚入园很长一段时间他不听老师要求，不吃饭，不睡觉，不跟朋友玩，不跟老师跳舞做动作，外出就乱跑不跟大家一起，总喜欢一个人玩，好像根本不会听老师的要求。但他认识很多字，能说很多英语单词，背很多儿歌，甚至讲故事，简直可以称是天才儿童了。很快我们班的家长知道了我班的洋洋，全园老师也知道了。我们怀疑他自闭，这么多年我还是第一次遇到这样的学生。我们就洋洋的情况与他妈妈交换了意见，他妈妈也急坏了，不知所措。洋洋爸爸妈妈是从山东过来做生意的，平常很忙，平时主要是奶奶在照看洋洋，父母与孩子缺少沟通，一味地放纵他。于是我建议妈妈多陪陪孩子，多带孩子出去跟小朋友玩。妈妈认识到自己太忙，忽略了孩子的培养，连忙自责起来："真谢谢老师，以前洋洋没有在集体中生活，没比较，我一直没注意到这个问题呢！我还以为有电视电脑陪孩子、教孩子就行了。真的是我害了儿子啊！我一定马上放下生意来陪孩子，就是不知道还来得及吗？"见她那着急的样子，我赶紧安慰她说："他现在还小，问题还不是很严重，你也别太着急。我们一起努力吧！"妈妈双手抱着我的手连声说谢谢！我看见她的眼眶已经湿润了！

后来，洋洋妈妈经常与我们交流洋洋的情况，非常支持、配合我们的工作，收集废旧材料、陪孩子制作手工、制作图书都很用心。她在网上搜索了一些教育孩子的相关常识资料，她还给我们看了《一位妈妈激励孩子考上清华大学》和《一位自闭孩子母亲的故事》等文章。洋洋妈妈坚持尽量自己送孩子上学、放学，还经常要老公一起接送孩子，经常对孩子说："宝贝你是很棒的孩子！妈妈支持你！加油!"。我们班有三位老师也特别注意洋洋的情况。因为他自理能力很差，全身好像很软没力气，经常容易摔倒，我就专门找了一个会照顾人的小朋友梦妍随时陪着他、照顾他，给他找椅子，喂饭，穿脱衣服，外出就拉着他。洋洋妈妈可高兴了，为儿子有这么好的朋友而高兴，也为这么小的孩子就知道照顾人感动，又是谢谢又是抱梦妍。一次梦妍不小心把洋洋的手抓伤了，洋洋妈妈很心疼孩子，但非常理解地说：“没关系的，在幼儿园里老师要照顾那么多孩子，孩子又小又好动，有点磕磕碰碰是很正常的。”又一次洋洋不小心绊倒了梦妍，梦妍的手肿得很厉害，医生交待要多休息，洋洋妈妈赶忙买了水果、牛奶去看梦妍，然后一个劲地教育洋洋以后要小心，要给梦妍道歉！洋洋拉着梦妍的手一脸关心地问：“梦妍你怎么了？”还摸摸梦妍的头说“你辛苦了！谢谢你!”洋洋妈妈看着儿子流下了高兴的眼泪。

陶行知先生曾说：“爱是一种伟大的力量，没有爱就没有教育。”确实，没有爱的教育是死亡的教育，不能培养爱的教育是失败的教育。教育的最有效的手段就是“爱的教育”。在我们和洋洋爸爸妈妈的共同努力和关爱下，洋洋进步了!他会自己吃饭了，虽然吃得很慢；会自己穿脱衣服了，虽然经常穿反；会听老师的要求了，虽然有时还会跑到一边去；会跟着老师做动作了，虽然有些不协调……这些都让我们三位老师感到很高兴，很欣慰！

六一庆祝会上，家长们看着孩子们的表演都高兴得合不拢嘴，而洋洋妈妈终于看到儿子跟着老师做动作了，她激动得没有照相没有录像，只是一个劲地抹眼泪，然后紧紧地抱了儿子好一阵。所有的家长都为他们鼓掌！这样的妈妈，这样的家长，这样的母爱，我被感动着！我们班的老师都被感动着!我们班所有家长也被感动着！我们能不为她鼓掌吗?

洋洋妈妈是一位普通的妈妈，又是一位伟大的妈妈。她的那份浓浓的母爱感动着、激励着我更加努力地工作。我也要做一位平凡而又伟大的幼儿教师！

二、感悟国培——心得体会

（一）国培为我传经送宝

达州渠县土溪镇第一中心小学幼儿园　郑文昕

光阴似箭，转瞬间金色的秋在微风中就这样悄悄地来了，收获的季节给我们幼师国培的每一位学员插上了理想的翅膀，翱翔于新的幼教理念和实践经验轨迹。在此，太多的感触、感悟、感恩我要与大家分享。

国培分为三个阶段。第一阶段是七月份的集中学习。专家教授们一次次精彩讲座给了我“羽化”所需的营养和甘露，让我更上一层楼，学到了新的幼教理念，我的幼儿教育教学一步步走向成熟。尤其是卢清教授的“让幼儿在快乐玩耍中有效发展——以游戏为基本活动的理论与实践”的主题讲座让我明白了游戏是孩子的主要活动，能促进孩子的全面发展；全教授的“还孩子健康快乐的童年——防止和纠正学前教育小学化倾向”诠释了现代农村幼儿教育小学化的主要特点，分析了小学化问题的危害，总结了防止幼教小学化的策略。让来自农村一线的我茅塞顿开，受益匪浅。

第二阶段是做“影子教师”，在实践中我结合专家教授们传授的理论知识踏实、认真地学习写活动计划，准备教具，同时虚心地接受指导老师的意见和建议，不断反思、完善。“影子”期我和孩子的每一日学习生活都是在玩中工作，在玩中学习，充实有趣。

秋高气爽，蓝天白云飘。我们的幼师国培转眼就进入了第三阶段的返校集中学习，激动的心潮依然澎湃，尤其是听了北京一幼蔡老师的两堂示范课后感慨万千，名师啊！蔡老师在课堂上不是传统的老师而是“孩子王”，一堂课下来都是在陪孩子们“玩”，玩得是那么开心，玩得那么有趣，旁听的我们也跟着心花怒放。与众不同之处在哪？在这，北京一幼的冯惠燕园长点评了她的课题选材的背景、目标、结构以及方式。蔡老师的两堂课真正地把幼儿教育艺术的多元化表现得淋漓尽致。

收获的季节我们将满载而归，太多的感言要送给国培，送给西华师大，送给专家教授，感谢他们为我们传经送宝。同时，我励志回校后学以致用，为幼教事业倾注全力。

（二）解读为孩子拥有快乐人生奠基

广汉市滨西双语幼儿园　李辉

一片落叶而知秋，不知不觉中，已是深秋将至，我在西华师大参加 2013 四川省农村骨干教师置换国培项目已近三个月，在这段时间里，我仿佛又回到了学生时代，可以静静地坐在教室里聆听专家教授给我们带来的最新、最前沿的学前教育科研成果，重温学前教育知识，把在工作中积累的教学技能、教学经验也做了有效的梳理。

在此期间，我有幸参加了由北京一幼冯园长主持的《加强园本课程建设，促进园所优质高效发展》的讲座。冯园长提出了课程建设理念：为孩子拥有快乐的人生奠基。其内涵是指：让自主自信成为孩子的人生态度，让探究创新成为孩子的思维方式，让审美愉悦成为孩子的性格品质。当我听到这段话时，犹如醍醐灌顶，给我们这些在一线工作的幼儿教师在如何培养学前儿童方面指明了发展的方向。

回顾在平时的工作中，作为一名幼儿教师，我每天都在组织幼儿开展各种活动。从晨间活动一直到离园活动，是否在有意识地培养孩子的自主自信的人生态度呢？我迅速开始了自查自省。自主自信的人生态度，哦，这个真的太重要了。俗话说：人生不如意，十之有八九。我曾在报纸上看到某位参加高考的学生因为落榜而自杀。还有部分大学毕业的学生出来工作时间不长，因与同事、上级关系处理不好，而频频跳槽，以至于工作几年后，无任何工作建树，走了许多的弯路，栽了人生的大跟斗。所以我在想，如果我们从幼儿阶段就致力于培养幼儿的自主自信的人生态度，培养孩子坚忍不拔的品质，那么孩子的将来会更加的精彩。

谈到培养孩子探究创新的思维方式，我就联想起我们幼儿园园长给我看的一段视频，其中就有两篇漫画是：将来你的孩子像狼一样在社会上生存（画了一头狼），另外一幅画是像绵羊一样生活（画了一只绵羊）。而最后像狼一样求生的人用脑在思考问题，他变成了老板、总裁。另外像绵羊一样生活的人用普通的劳动或专业知识在求生的人，变成了为老板打工的人。提问是：你希望你的孩子像绵羊一样生活呢还是像狼一样求生存？虽说我们的社会需要不同类型的人才，但是现代社会更需要具备优秀素质的人。我想今天冯园长提出培养孩子的探究创新思维就是培养孩子从小爱动脑筋，培养孩子自己去发现问题、探索问题、解决问题的能力。为将来培养具有开拓性、创造性人才打下坚实的基础，更能适应未来社会生活的需要。

让审美愉悦成为孩子的性格品质，这句话我在心里反复地咀嚼。哦。多么的有深度啊！是啊！我也感慨万千，懂得审美情趣的人更懂得生活，更会生活，生活得更有意义。我们每个人都在生活，同时也在体会生活。可是也有人活了一辈子，也不懂什么是生活，而是为了生活而生活。而有的人在生活中去体会生活的美好、生活的快乐，每个人的生活的意义各有不同。我们的专家是多么的具有生活智慧的人啊！我相信从小培养孩子的审美愉悦，使之成为孩子的性格品质，孩子将来会更加的幸福！

（三）心灵触动

德阳市旌阳区德新小学幼儿园　张大双

我很荣幸能被领导派来参加此次“国培（2013）”——四川省农村幼儿园中

青年骨干教师置换脱产项目培训，因为我知道我一定会满载而归的。我很喜欢保罗·朗格朗的终身学习的教育理论，因为我认为人要不断学习，才能不被社会所遗忘，才能跟着时代的步伐向前走，走向未来，靠近梦想。所以我一定会好好珍惜此次学习的机会，努力达到提高专业素养、提升自身素质的目标。经过这段时间的学习，来自不同学科领域的专家学者毫无保留地把他们在学习参观和工作中的经验拿出来与大家分享，深入浅出，可谓精彩纷呈，我从中受益匪浅。

我印象最深的是第一天赵院长的精彩演讲，让我们学会“悟”，对待幼儿要以人为本，贴近教学前线，把教师职业视为自己的事业，那样才能做到尽善尽美，在教学过程中，不要总是找客观原因，一定要找自身原因。“没有学不好的学生，只有教不好的老师”这句话在《热血教师》这部影片中体会得淋漓尽致，它触动了我们心灵最深处的感悟。克拉克老师的坚持和执着感动了我们，正是他的坚持与执着让很多原本被社会所遗忘的孩子们重新找到自我，学会做梦，追求自己的梦想。

当今社会幼儿教师的压力是显而易见的，很少有人真正地了解幼师这个职业。成云教授对此专门给我们做了一个专题讲座，名字就叫《幼儿教师心理压力和心理调适》，对于现在存在的教师暴力对待幼儿的行为折射出来的教师压力，我们如何去调适我们的心理，是个大问题。幼儿教师的压力来自于各方面，如来自于工作的压力，本来教师职业是很单调乏味的，每天都在重复同样的工作，难免会产生职业倦怠，别人都以为是很轻松的工作，其实不然！除非你也是幼儿教师，不然你无法了解和体会幼儿教师的辛酸。其次还有来自领导的压力、行业激烈的竞争压力、生活的压力，等等。压力使人喘不过气，那就需要进行自我调适，那样才能更好地完成我们的教学工作，做到尽善尽美。我虽然也会有很多压力，但我也有自己的调适方式，希望能与老师一起分享。遇到负面压力的时候，我总是对自己说，凡事往好处想！我只要正能量，比如我不小心掉了 100 元钱，我会想我包里还有 900 元钱，是幸运的。如果一个人批评我，我不会怪她，反而我要感谢她指出了我的缺点，我要努力地去改掉我的缺点，我感恩她指出了我没发现的缺点。还有面对幼儿园繁杂的事情需要你去做的时候，或者你已经在做了，或者已经做完了，我从不抱怨，因为我要往好的方面想，“要抱怨就不要做，要做就不要抱怨”这样心里才会舒服，心情也很舒畅，我们要有做一行爱一行干好一行的心态啊。我们无法改变的事情，或者不能预估发生的事情我们何必花那么多精力和时间去想去担心呢？我们能做的就是接受现实，期盼美好未来。这是我缓解压力、自我调适的方式。

通过这次的培训，我学到了很多新的教育理念和理论，这将对我今后的教育教学工作起到很大的推动作用。希望我能带着这些先进的思想去不断追逐我的梦，我的幼教梦！

（四）行囊里注定收获满满

达州渠县临巴镇第一中心小学幼儿园　郑雪

下笔总结，心里感慨颇多。想想来时我是郁闷烦躁，消极倦怠，行囊空空，犹如井底之蛙。而离开时却是行囊满满，自信飞扬，愉悦开朗。这一切都源于国培，因为有了国培，我才有了这个好的学习平台，因为有了辛苦工作的老师们，才能接受到许多先进理念的洗礼和精彩观摩课的有益启示。打开收获的行囊，我会取出国培带给我的这样几个礼物。

首先，我会取出的是感恩。来到西华师大，感受到的是老师们的贴心关怀，有一种回到家的感觉。面对我们这群来自农村的中青年教师，即使我们早已过了受保护的年龄。"注意安全，不要独自外出"，"天气炎热，注意防暑，学校已为大家备好解暑药品"，"天气转凉，注意添加衣物"，老师们这些提醒叮嘱也时常在我们的耳边响起，真的让我们体会到了亲人般的温暖。为了给我们营造一个凉爽舒适的环境，老师们想方设法为我们安装了新空调和饮水机。尽力做到让学员的生活环境更舒适，学习生活更愉快！培训期间，老师们对我们每位学员的作业都进行了认真的批改与修改，一百多学员的作业，对几位老师来说工作量真的很大，但老师们却毫无怨言。为了国培，西华师范大学的老师们牺牲了许多休息时间，做了大量的工作，投入了很多精力，只为让我们这些学员带着收获而归。而学员之间的相互关心和帮助也让人心里暖暖的。收获这么多的关爱，我感激在心。谢谢你们，我可爱的老师们和同学们！

然后我会在行囊里取出"乐学"。因为盲目，所以没有学的方向，因为封闭，所以无知，因为惰性，所以拒学。在西华师大的校园里，不论是手捧书本，匆匆奔向教室的学子，还是举止优雅，学习渊博的老师，以及绿树成荫，随处给人警醒启示的名言警句，都无不让人感觉到一股浓浓的学习氛围。在这里，专家教授深入浅出的讲解，跟岗学习的实践经验，理论知识的不断更新，先进理念的不断敲打以及观摩课的精彩展示都让我觉得学习是那么的有趣，知识是那么让人充实自信。"授人以渔"的老师们，我将把学到的新知识分享给我的同事们，我的孩子们，也会将"乐学"精神进行到底！

其次，我想从行囊中取出的是“善思”和“热情”。国培期间，我们每天都会面对不同的专家，听不同类型的讲座，感受不同的名师风格。每个专家都有不同的观点，如果我们只是将各位专家传递的信息一股脑儿地复制进我们的大脑里，结果明显是“国培”变“白培”，听讲座时好像什么都懂了，回去全都忘光了！邹霞教授告诉我们，只有将接收到的新信息进行意义上的建构，并对原有的知识进行重组，才能将所学知识为自己所用，不断反思自己的教学，发现其中的问题并去解决它，才会让自己快速地成长起来！随时保持平和的心态和饱满的热情，感受做幼教人的快乐！

最后，我取出的礼物是“合作”。在培训中，来自各个地方的老师被分成不同的小组，遇到需要集体协作的活动，每组的老师都会群策群力，团结一致，力求想出最好的方案。于是，不论是教育教学活动技能展示的赛课还是玩教具活动的展示，大家都将特长和积极性发挥到了极致，这是团队协作的完美呈现。团结协作是一种能力，是一种态度，更是一种素养！

行囊里真的是收获满满的，不信你拍拍试试！

（五）国培老师名字遐想

达州渠县临巴镇第一中心小学幼儿园　　郑雪

一个人的名字总会给人无限想象的空间。这不，刚拿到培训指南那天，我看见了几位老师的名字，生性爱想象的我立刻在脑海里勾画了他们的样子，可是第二天开学典礼上，我见到了各位老师，有的老师是人如其名，也有的老师“名不副实”，想起来就觉得蛮有趣的。

先说说朴钟鹤老师吧。看到他的名字，“云中仙鹤”“清瘦”“精神矍铄”，这些词一股脑儿地涌现出来，一个满头银发、睿智慈祥的老教授的形象出现了。谁知，一见到本人，我差点晕了：怎么会这么年轻，一脸的忧国忧民，穿着休闲，说话声音很有磁性，神情偶尔还露出腼腆。这跟想象中的西装革履白发苍苍的老教授相去甚远，太出乎我的意料了。我估计眼前这位忧郁青年是一位不得志的大学教师，可事实告诉我：他是个博士！听说他是个韩国人，想象一下，剪着蘑菇头，画着烟熏妆，花样美男打扮的朴老师会是怎样的帅模样呢？

一位就是人如其名的代表卢清老师。这一次，我肯定了自己的想象能力。因为卢老师正如我猜想她的名字一样：知性优雅，美丽洋气，一口流利的普通话，音色很美，没有许多高知女性给人的刻板和严肃，而是让人有一种如沐春风的感觉。就连她生气的情绪也是在柔柔的语调中表达出来，有一种不可抗拒的力量!

孔武有力，人高马大，帅哥一位，这是我对曾彬老师这个名字想象的结果。曾老师在这个想象的衬托下显得特别娇小。曾老师虽然比较严厉，但也很关心大家。不知怎么回事，我总觉得曾老师严厉的外表下还带着小女孩般的可爱。

刘桂芬老师我则是把她想象成了留着齐耳短发、智慧冷峻的江姐形象。唉，谁叫她的名字这么有年代感啊！看见她，就觉得她应该是跟学生打成一片，没有距离的老师。没想到她却是个电脑高手！着实令我大吃一惊。

三位可爱的助理老师，我是先见到人后知道名字的。廖唐兰老师很斯文，皮肤很白，属于人如其名的一类。而杨航老师和孔露老师的名字让我纠结了好一阵子，女孩叫男孩名，男孩叫女孩名，刚开始几天我常搞错，弄得大家都不好意思了。

（六）国培心得体会：名师助我成长

达州市渠县贵福镇第一中心小学幼儿园　陈小锐

丰富多彩的一周又悄然而飞快地过去了，在这一段时间里，我熟悉了西华师范大学优雅别致的学习环境，在这个充满书卷气息的校园里，亲切感却也在短暂的时间内培养起来，逐渐从陌生到变得那么熟悉。特别是专家们一次次孜孜不倦地进行幼教知识的传授，老师们毫无保留地向我们分享他们的教育教学经验，同事们一起探讨教学中的各种案例和解决案例问题的方法以及学员们积极展示自己的教学风采，这一切都使我受益匪浅，颇有感触。

其中，隆昌幼儿师范学校的王老师的授课让我更有激情去做一个幸福的幼教老师，“做一行爱一行”也是我这个半路出家的普通老师的人生信条。当一个称职的幼儿教师首先要学会说，真诚地说、大胆地说，更要想办法让幼儿学会说，同时我们要学会漂亮地写，熟练地弹和唱。一个人要“活到老，学到老”，因为“终身学习不会老”，因为“输在起点不可怕，输在终点很可怜”。从王老师那儿我学习到了要从周边去观察、发现每个孩子的闪光点，以爱岗敬业的信仰去爱我们的孩子，在幼儿的快乐中收获我们作为老师的幸福。

同时，曾老师讲的角色游戏的迁移可以延伸到其他领域的活动中，让我也反省了一下自己，在平时的教育活动中常常听到幼儿园中其他老师们的感叹，幼儿园的数学教起来淡而无味且非常抽象，真难教。但是从老师的各个案例中，我们领悟了想要孩子们有效玩、快乐学，做老师的要从我们身边挖掘资源，发挥我们自己的创新思维，想办法让每个孩子参与到游戏活动中体验游戏的快乐开心。

印象特别深的是李海鹰老师的授课，给我们全体老师带来了巧妙制作手工的惊喜和快乐。李老师用她聪慧的头脑和灵巧的双手将我们生活中的一些废弃资源做成了许多美妙逼真且实用的教学玩具，再将这些精美的玩具串编成一个个精彩的儿童故事，比如用废旧的花篮当作小动物的家，孩子可以通过这些场景发挥想象，创编出《小鸡的家》《小鸡出壳》《母鸡下蛋》等故事，还可以引导幼儿用小狗、小猫、小鸭等来编不同的故事，而这些故事都可以用作以后教学中的例子。这堂课下来，我们都打开了眼界，感到特别惊奇，对李老师的巧手佩服不已，我会努力向老师学习，争取在以后的教学中，发挥自己的潜能，也像老师一样用智慧的头脑和双手去创造一些具有新意的点子来帮助孩子们更好地学习和成长。

其实，我思考这段时间的学习后，感到想一个人高兴就做梦，想一家人高兴就做饭，想一辈子高兴就做事。所以我们每一个人都应该实现自己人生的价值，因为每一个人都肩负着不同的使命。而作为幼儿老师的我们，我们面对的是一群花儿一样的孩子，孩子的真情包围着我们，孩子的乐趣感染着我们，孩子的笑声滋润着我们，我们将青春不老的节拍和孩子成长的节拍融合在一起，我们不妨“蹲下来说话，笑起来交流”，用欣赏的眼光，创造性的工作和宽容的心态来对待每一个幼儿，去挖掘每一个孩子未知的力量。做一名幼儿教师，发挥我们生命的光彩，脚踏实地地利用自己所拥有的，用自己的幸福感染周围人，使更多的人得到幸福，同时谱写我们的幸福人生，这样才能实现我们人生的最高价值！

（七）观名师授课风采之心得

达州市竹阳镇金利多幼儿园　李善波

我有幸耳闻目睹了北京市第一幼儿园蔡清老师的示范课，蔡老师充满亲和力的笑容与生动有趣的讲解深深地打动了我，让我掌握了不少营造班级和谐氛围的方法和技巧，课堂上，孩子们思维活跃，激情高涨，踊跃发言，善于思考老师提出的问题，孩子们语言丰富，勤于动手操作，创作奇特。在《好玩的报纸》一课中，她做到了让孩子们在玩中学、学中玩，达到了寓教于乐的效果，她的一言一行都充满了青春的活力，让我深深地感受到了名师对幼儿教育的热爱，对孩子的关怀。在《唱双簧》课中，她以孩子们自己生活中喜欢的活动为游戏题材，游戏时，蔡老师关注到每位孩子的发展与参与，孩子们在老师的带领下轻松、愉悦地游戏，蔡老师善于用自己的情绪带动孩子，她始终笑眯眯的，活动环节设计发挥孩子思维想象空间较多，让孩子能大胆地想象，展现自我，在每个环节结束后，蔡老师还时而不时地表扬表现不错的孩子，一个小小的举措起了很大的作用，可以让孩子们修身养性，在活动中，蔡老师发现孩子开始坐定不住时，开始有点乱时，马上利用激励性的语言引导孩子，“比比谁的耳朵灵，能听到老师说的悄悄话”，孩子们都被吸引住了，蔡老师对整个课堂掌控有序，情绪收放自如，她的教态自然大方，给人以亲切感，她的姿态、语言、语速、语气、情绪等都展现了她的心灵手巧、非凡的才能，让我不得不竖起大拇指，“你真棒”。

观摩完西昌市幼儿园王燕老师的音乐课，回顾自己原来的教学方法，发现有很多不足，给孩子预设的目标不适度，有时太简单，不知道怎样一步步加难度，有时目标又太难，孩子根本完成不了，王老师的课，主要就是让孩子们自发地去感受音乐，去理解音乐、聆听音乐，孩子在享受音乐的同时提高了感受音乐的审美情趣和审美能力，同时也满足了自身的求知、求奇、求成、求乐的需求，成功的学习经验又增加了孩子的学习自信心和自我成就感。我深刻地理解音乐游戏每次教学都是学习者在前面的难度层次成功经验的基础下，才进行新的难度挑战，在运用各种乐器教学活动时，王老师还经常有效地创设情景，让孩子能够被合理的教学目标所激发，孩子们通过自己的努力，在各个不同学习情景中能够不断获得新知，同时，老师也努力培养孩子的学习品质，孩子们的注意力、观察力、思维力、原有经验的运用能力、自我约束力等都得到了提升。

观摩名师教学风采，自知差之甚远，在以后的教学中，一定要让孩子们在生活中学习，在游戏中探索，更新教育理念，改变教学方法，运用教学技巧，模仿教学模式，传承优良品质，提升自身专业素养，加强教师职业道德，热爱幼儿，奉献幼教，让家长放心，让孩子开心，让社会满意，让自己知足。

（八）感恩国培　圆满回归

什邡市第四幼儿园　张和波

尊敬的领导、老师们，亲爱的学员朋友们：

大家下午好！我是来自什邡市第四幼儿园的张和波，很荣幸今天能站在这里，代表所有参加这次“国培”的学员们发言。我很激动，也很忐忑，担心自己笨拙的文笔不能传达出你们的心声。首先我代表所有学员向国家培训计划、向四川省教育厅，特别向承担此次培训任务的西华师范大学和所有参加此次培训的专家、教授、老师们表示深深的感谢！

感谢西华师范大学为我们提供的优雅的学习环境，参天古树，青砖绿瓦，古朴的教学楼被绿树环绕，宽敞明亮的教室；为我们提供舒适的住宿，让我们在酷暑难耐的21天假期学习中享受到了空调带来的凉爽;无线网络的畅通无阻，带给我们交流沟通的快捷方便；感谢每一位专家和教授精彩的讲座；感谢各位班主任老师，像亲人一样关心我们，像朋友一样为我们排忧解难；感谢助理班主任老师在课内课外默默无私的奉献；感谢我们亲爱的学员姐妹们，是你们的付出和坚持，换来了今天的圆满结业！

国培，让我们来自德阳、南充、达州的 160 位幼教同仁们相聚在一起，回到熟悉又陌生的学生时代，上课、思考，回答问题，做笔记，完成作业。一路走来，忙碌辛苦，兴奋快乐，充实幸福……院校课程研修期间，专家教授们的精彩讲座；影子教师期间，如影随形，与指导老师的亲密交流；课题研究，名师课堂的观摩；展示课的磨炼，主题环境的创设，玩教具的创意制作，小组研讨，思维的碰撞，聚餐时的快乐……点点滴滴的收获都将成为我们人生中宝贵的财富，美好的珍藏，让我们从里到外像被洗礼了一般，我们摒弃掉了落后的思想和观念，像干燥的海绵一样吸取了先进的幼教理念和方法。我们收获的不仅仅是丰富专业的理论知识，一堂堂精彩纷呈的观摩课，一件件精美的作品，更是一种思想，一种境界，一种努力的方向。我们还收获了珍贵的友谊，认识许多新朋友，汇集了不同的教学方法。正如赵正教授所说，三个月的培训不是结束，而是在网络上构建一个学习共同体，搭建一个更好的学习平台。

展望明天，我们信心满满。带着喜悦，带着一本本厚厚的记录着心得、反思和总结的笔记本，带着国家的期望，还带着我们对幼儿教育事业的激情和忠诚，我们将回到自己的工作岗位上，开始幼教生涯崭新的篇章。我们将把这里的所见、所闻、所学、所思带给我们的同行们。我们将带着微笑和希望走进幼儿园，用心地培育祖国的幼苗，让他们快乐、健康、自信地成长！我们将在平凡的工作岗位上，为幼教事业倾尽我们的爱心和智慧，奉献我们的青春和力量！

今天，我们满载而归，明天，我们将为幼教梦想扬帆起航！

再见了，西华师大！再见了，尊敬的老师们！再见了，亲爱的姐妹们！

祝你们幸福平安！祝西华师大的明天更加辉煌！祝祖国的幼教事业蓬勃发展！

最后，我再次代表全体姐妹们，对关心和支持此次“国培计划”的各位领导、老师们表示由衷的感谢和真挚的祝福！谢谢你们，你们辛苦了！

第四章　专业成长

本章编者站在国培参训学员的角度来展现幼儿教师的专业成长，它又分为案例分析和理论探究两节。作为第一节的案例分析部分，通过模拟教学比赛、主题讨论活动、跟岗见习、园所接待顶岗实习教师、孩子的个案研究几个部分来展现我们的国培参训学员在实践过程中的专业成长。在模拟教学比赛中，学员们以小组的形式参加，每组选派一人模拟教师上课，其余小组成员模拟幼儿，评委、学员们共同参与活动。主题讨论活动部分，选择了“如何让新入园的孩子适应幼儿园的环境”这个主题让学员们集思广益，发表见解，进而总结出一系列实用的主题方案。跟岗见习中，学员分散到幼儿园做影子老师，跟随指导教师在工作实践中感受与学习。园所接待顶岗实习教师部分中，各园领导把分到自己园的顶岗学生带回了幼儿园，进行参观介绍，并与置换老师作交接工作。孩子的个案研究部分，选择的是一个三岁小朋友“孩子王”的案例，通过陈述背景、案例简述、原因分析、解决方式、体会等几个方面生动地阐述了这个案例。

第二节为理论探究。一线教师需要丰富的实践经验，而良好的理论基础也是必不可少的。因此，这一节的内容是国培参训学员在实践经验中总结理论基础，谈一些对基本理论的感受和理解。本节探讨的理论问题有：爱是幼儿教育工作的基石、浅谈适度拿捏赏识教育与挫折教育、论中大班幼儿自信心的培养、在自制图书活动中培养幼儿自主学习能力、剪纸活动中培养幼儿节约意识的探究、农村留守儿童的心理健康状况与教育对策研究、幼儿园国画教学探索之我见、浅谈幼儿剪纸兴趣的培养、巧用自制图书培养幼儿自主学习关爱家人、园本教研促进教师专业共同发展的策略等。

由于时间、精力和篇幅有限，本章只选取了部分具有代表性的文章。对文章的引用都是以全文摘选的方式，编者对文章进行了局部修改。

一、案例分享

（一）诊断性教学　在实践中学习
——培训班模拟教学比赛

2013 年 7 月 22 日上午 8 点 30 分，在西华师范大学学术二厅，国培一班和二班的学员们汇集一堂，等待着一场视听盛宴——模拟教学比赛的开始。此次活动，由助理班主任李勇主持，担任评委的有：教育学院副院长邹霞教授、首席专家卢清教授、教学班主任曾彬、行政班主任朴钟鹤、生活班主任刘桂芳及助理班主任等。学员们以小组的形式参加，每组选派一人模拟教师上课，其余小组成员模拟幼儿，与评委、学员们共同参与活动。

第一个上场的是国培二班三组杜岚老师，她带来了小班数学活动“吹泡泡”。她一边吹泡泡，一边让幼儿观察老师在“干什么？吹出的泡泡是什么样的？”直接引入活动，开始模拟教学。接着国培一班六组的陈老师，带来了大班奥尔夫音乐《狮王进行曲》；二班二组带来了奥尔夫音乐《音符与节拍》；一班五组带来了中班语言活动“萤火虫找朋友”；一班八组带来了小班美术活动“棒棒糖”等。国培一班和二班学员轮流上场展示，评委、学员齐参与，场面非常热烈。下午 3 点，活动准时开始。台上学员们精彩的表现，让评委们叫好，更让台下的学员摩拳擦掌，跃跃欲试。这不，一班的冯巧英就按耐不住，自告奋勇地上台与大家分享了她的大班语言活动“兔子萝力”。

经过激烈的比赛，16组学员的模拟教学逐一展示完毕，最终产生了一、二、三等奖，而一班四组的学员李红璐，凭借一堂中班语言活动“棒棒天使”获得了特等奖。

比赛后，评委们还作了精彩的点评，已经下午6点30分了，学员们还不舍得离开，她们仍在与评委和其他学员进行交流。这是一个多么好的交流平台啊！

（二）主题讨论
——如何让新入园的孩子适应幼儿园的环境

幼师国培一班五组全体成员

小组成员：彭蓉、李娇、陈娟、刘洁、刘明霞、胡春华、贾洪梅、唐红萍、何应琼、李雨恒

指导教师：曾彬、朴钟鹤

讨论地点：西华师大北湖校区学术二厅

即将面临新学期的工作，我们一班五组的学员，就如何让新入园的孩子尽快适应幼儿园的环境这一话题，聚在了一起，共同交流、共同分享，相互学习彼此的经验。问到组员们新学期的第一天大家最担心、最无助的是什么？老师们的第一个感受就是孩子哭闹的现象比较多，而且是哭的花样千奇百态，有大哭的、有小声抽泣的、有在地上又哭又滚的……甚至有的对老师和阿姨还有攻击行为等，为了解决哭闹的现象，老师们一一说出了自己的经验。

首先，我们对孩子们在入园的第一天有哭闹的现象做了分析。孩子入幼儿园就像人生中第一次出远门一样，对将要去的地方由于不熟悉而产生不安的心理。这种不安的心理从许多方面产生出来，如：幼儿面对陌生的环境和陌生的人群而产生不安心理、对于失去家长的依靠而产生不安的心理、对于在幼儿园中要开展的活动的内容的不熟悉不知所措而产生的不安心理，等等。幼儿的这些表现我们称之为“幼儿入园的分离焦虑”。孩子离开自己熟悉的人、环境、生活方式后，会对新的环境产生紧张、不安，对自己熟悉的亲人产生依恋，由此而出现分离焦虑的现象。

其次，我们大家集思广益，结合自己实际的工作经验总结出如何缓解孩子分离焦虑的办法。第一，可以分步让孩子熟悉幼儿园的环境，逐渐融入；第二，家长对幼儿进行鼓励，坚持送孩子来园，对孩子进行积极正面的引导，不做负面或不良暗示；第三，教师以爱心、热心、耐心投入对孩子的生活照顾，为孩子提供舒适的园内生活，同时与之进行亲密沟通，使孩子对教师产生信任和依恋，对幼儿园的环境放心；第四，教师创设与幼儿年龄特点相符合的、丰富的、温馨的班级环境，提供多种适合孩子操作的玩具材料，组织开展多种形式的、孩子喜爱的游戏活动，吸引孩子的注意力，分散和转移孩子的紧张和不愉快，帮助孩子稳定情绪；第五，跟家长及时沟通，让家长首先要调整自身的分离焦虑，要对孩子有信心，明确进入幼儿园是孩子步入社会的第一步，孩子由此产生一定程度的分离焦虑是自然的过程，经过引导是能够缓解和改善直至消除的；让家长对幼儿园、对老师放心，相信教师的师德和工作能力，一定能够为孩子提供有利于孩子健康和谐发展的环境。

接着，我们又讨论道：老师要怎样做，才能让孩子尽早地适应环境，让家长放心呢？大部分孩子刚进幼儿园时，由于环境、生活方式等发生较大改变，对幼儿园和教师的依恋尚未建立，从而会不同程度地产生心理学上称为分离焦虑的症状：焦急、不安、恐惧，情绪波动大。因此，为尽快稳定新入园幼儿情绪，帮助他们适应新的生活和教育环境，保证小班正常教育的开展，教师的作用便显得十分的重要。

（三）学以致用，跟岗见习——做孩子幸福的领路人

广汉市南兴幼儿园　刘晓艳

2013年9月6日农村幼儿骨干教师脱产置换研修培训第二阶段的学习开始了，这一阶段是分散到幼儿园做影子老师。我来到了广汉三幼大四班，开始了一个月的跟班学习。一周的时间过去了，在刘老师的指导下，我受益颇多，因为我从她的身上感受到了一位来自省级示范教师对幼儿教育的热情，对孩子的热爱，对学习的渴望，所有的这些都令我深深的感动。

刘老师作为我的指导老师，她每次组织的活动都让我大开眼界，受益匪浅。她精心设计每个教学活动，不管是活动的导入还是活动过程中的环节，都能激发幼儿的兴趣，从幼儿的生活实际出发。三幼的教师都具有较强的教学能力，相信在她们的帮助下，我的教学水平一定会得到较大的提高。

三幼开展了体智能的科研项目，她们注重游戏与户外活动。老师每天总能保证幼儿的户外活动时间，力求活动的丰富多彩，活动中老师极具亲和力，和幼儿们玩成一片。这不仅有利于他们体质的增强，而且培养了幼儿锻炼的兴趣与习惯。三幼的孩子是幸福的，他们可以尽情地玩沙、玩水、玩攀爬墙……在这样的幼儿园上学有谁不愿意呢？而我们农村幼儿园的一个最大问题便是上课多、游戏少。这次培训回去以后我一定要充分利用农村自然条件，挖掘、整理民间传统游戏，把我们农村幼儿园的游戏也开展得丰富多彩。

跟岗见习还在继续，我要好好珍惜这次学习的机会，认真听、认真记、积极参与，不放弃每一个环节，让我们在思想上、业务上、工作实践中都受益匪浅，并力争把学到的技能、方法、经验运用到实际工作中去。

（四）新旧置换，幼儿教育事业生生不息

国培一班学员　魏筱

2013 年 9 月 2 日一早，什邡市教育局派专人专车前去德阳市教育局，将来自隆昌幼儿师范的 7 名顶岗学生接回什邡教育局。

上午 11 点，接待顶岗置换学生的各幼儿园领导在什邡教育局一楼会议室里召开工作会议。教育科领导为第一次来什邡的 7 名学生教师介绍了什邡的灾后重建情况，以及什邡目前教育状况与发展方向，真诚希望 7 名学生把什邡当成自己的家乡，安心学习和工作，争取学有所成，并一再嘱咐各幼儿园领导，一定要把这 7 名女学生的吃住问题解决好，一定要把她们的人身财产安全放在第一位。

会后，各园领导把分到自己园的顶岗学生带回了幼儿园，进行参观介绍，并与置换老师作交接工作。当天下午，城区四所幼儿园和一所乡镇幼儿园的园长积极联系，通过多方协调，为顶岗学生们做了周到的安排，让 7 名女大学生感受到了亲人般的温暖。7 名女大学生都表示非常感谢老师们的热情关怀，有信心能够在什邡度过快乐、幸福的实习时光。

（五）"攻击王"孩子个案研究

一、背　景

3 岁是人生发展的初始阶段，这一阶段幼儿身心发育尚未成熟，受入园焦虑和不适应的影响加上不当的家庭教育影响，有的幼儿攻击行为日渐频繁，引起了小朋友之间、家长与老师间或家长之间的矛盾，对此大家都抱怨重重，又苦无良策。我将赵君豪作为个案，进行观察引导，进行干预，减少攻击行为对其他孩子的伤害。及时地纠正其攻击行为，这对孩子今后的身体、学业、人际关系都会产生重要的影响。

二、案例简述

1. 个案对象基本情况：赵君豪，3 岁，一个皮肤黝黑、帅气健康的小男孩，他思维敏捷，反应快，想象力也很丰富，发言大胆积极。但他经常攻击其他小

朋友，常把别人弄疼弄哭，他自己却满不在乎，每次入园不过几分钟，便有几个孩子跑过来告他的状，没上几天课，全家长都认识了他这个“小霸王”，谁都不愿和他坐同桌，抱怨声一片，我不得不将大部分的注意力放在他身上。

案例一：有一天，我打扫完卫生，刚坐下来给芳芳扎头发。突然，一阵哭声传来，我急忙抬头望去。天那，赵君豪正用脚猛踢一个小朋友的头，嘴里还不停地喊着：“打死你！”我飞奔过去，制止了他的行为，并严厉地批评了他，他承认错误很快，立马说：“老师我错了”，我以为会管用一阵子，谁想到一转身，他又把人家的脸给抓破了。真是令人头疼！

案例二：上完厕所，小朋友们都拉着衣服开火车进教室，看着能听懂口令的小宝贝们，我直夸他们聪明，砰！赵君豪猛地推了前面的小朋友欢欢，我想阻止，已经来不及了，欢欢已经撞在墙角上，一个大青包鼓了起来，还渗出了血丝，慌乱中的我连鞋都跑掉了，抱上欢欢直奔医院。

案例三：中午刚入园时，我发现赵君豪的手上有红印，一问，才知道在家里玩火被奶奶打了，并且打死不认错。最后，直到打断了小棍子才求饶，我不由心疼起来，这么小的孩子咋能这样教育呢？我安慰了他一番后，让他坐回了位置。不一会儿，用凳子扔人又成了他的攻击方式。唉，这个“攻击王”！

2. 家长的情况：赵君豪的爸爸妈妈常年外出务工，与孩子相处的时间很少。偶尔打电话逗逗孩子，问问身体状况等，赵君豪由奶奶照顾，奶奶对赵君豪很严厉，但对于过于调皮的孙子除了打骂外，她也无计可施，她希望老师对她小孙子严一点，把这暴脾气改掉。

三、原因分析

1. 家庭影响

赵君豪的父母长期在外务工，对于赵君豪的关心很少，他们给予孩子的爱就是多挣点钱满足孩子的物质要求，但却忽视了孩子的情感需要，缺少父母关爱的孩子容易养成许多不良的坏习惯，攻击性行为就是其中之一。赵君豪的奶奶对孙子有很大的希望，对赵君豪的要求也就特别严厉，她希望孙子乖乖的，不要出去惹祸，好好读书，出人头地。但赵君豪却十分调皮，时常惹祸，奶奶恨铁不成钢，有时对孩子大声责骂，甚至奉行棍棒教育。久而久之，赵君豪在奶奶面前表现得“乖”，而在外面却越来越好斗，他相信只有“暴力”才能解决问题。

2. 教师原因

因为赵君豪经常惹是生非，经常弄出让我们头痛的事情，严厉的批评成了家常便饭，因为班上的孩子们多，我虽然意识到这样做效果不明显，但我还是选择了放弃寻找真正有助于学生成长的“绿色批评”——对于学生心灵而言，一种安全的、有营养的优质批评。

四、解决方式

1. 对父母的指导方案

孩子在成长过程中出现不良行为是正常现象，简单粗暴的打骂不仅无法解决问题，反而可能使情况恶化，在早期教育中家庭教育的作用是不容忽视的。3岁孩子犹如一张白纸，你给予它什么，它就呈现给你什么，所以用良好的家庭环境、心理氛围和长辈正确的语言行为去影响孩子、教育孩子，对于孩子的错误要反复帮助改正，对优点要及时表扬巩固，少些责骂。不管再忙，都应多关心孩子的生活学习、个性发展、心理健康方面，及时地与老师联系，了解孩子在校情况，听取老师的建议。

2. 我的教育

我对赵君豪采取了特别教育。陶行知先生说过“谁不爱学生谁就不能教育好学生”。我不再像以往简单呵斥批评他，而是以表扬鼓励为主，并采用讲故事、画画等方式，主动与他交流，仔细耐心地帮助他，对他微小的进步加以肯定。他也渐渐感受到老师的关心和爱心，慢慢地，他也在改变自己的行为。有一天，赵君豪模仿动画片《喜羊羊与灰太狼》里的行为又踢又打，踢哭了旁边的小娇娇。他不但不认错，还一再狡辩，我压住怒火，把他踢人的凶相和娇娇哭泣的样子画在纸上，然后给他看。他一看画面顿时低下了头，我告诉他“娇娇好疼，因为你的踢打”，赵君豪看完之后，低头不语，突然，他跑过去擦掉了娇娇的泪水，并请娇娇原谅他。后来，在家长的配合下，赵君豪虽然还爱惹是生非，但再也不踢人打人了。赵君豪入园时，总会向老师问好，说再见。于是，我当着全班小朋友表扬他懂礼貌，是个乖娃娃。

五、体　会

孩子们的发展需要等待和理解。通过对赵君豪进行特别教育后，他的攻击性行为越来越少，大多数时候能与伙伴们和睦相处了，但孩子的良好习惯和行为需要强化、巩固、监督，所以我还会和家长紧密配合，力争改掉孩子的攻击性行为，促进其健康成长。

（六）中班美术教案：“手与树”

四川省绵竹市第二示范幼儿园　曾莉

设计意图：

毕加索说“用 10 年的时间，学着像儿童一样画画”。官其格认为“是儿童画的，却已不是儿童画”。《3～6 岁儿童学习与发展指南》指出“支持幼儿自主表达与表现，尽量少提供范画。”这样一些观点，冲击着每一位老师“没有范画不示范老师怎样教？教什么？”“幼儿不会画怎么办？幼儿胡乱画，看不懂，教师该怎么办？”学习了《3～6 岁儿童学习与发展指南》后，相信每个老师的心理都产生了冲击，究竟怎么上美术课？究竟怎么支持幼儿自主表达和表现，在我们心里都留下了思考和困惑。

树是我们生活中常见的题材，带孩子进入大自然的怀抱，孩子的心情是愉悦的，在愉快的心情下产生的情感也是积极的。在这个活动中，没有程式化的示范、讲解，引导幼儿在大自然的环境中直接观摩、学习、领悟，自由地表达自己的创意，并用自己的小手勇敢地接触颜料，放松大胆地挥洒颜色，让孩子能张扬自己的个性，把自由尽情挥洒于绘画过程中，把快乐的痕迹留在作品里，这是本次活动的意图和目的，也是《3-6 岁儿童学习与发展指南》所指引的方向吧！但是对于这次活动，我的心里既充满期待又充满忐忑，期待的是孩子能大胆地、自由地、以自己特有的方式来表达他们对外部世界的认识和理解，期待他们个个都是绘画大师，忐忑的是这种户外形式的、平时很少用的上课形式，自由地用手涂抹颜料，会不会搞得一塌糊涂呢？但我想教研的目的是为了促进我们共同进步，因此还是坚持选择了这一活动，希望能和大家共勉。

活动目标：

1. 运通对比观察，用手的不同部位表现树。

2. 大胆作画，感受双手与颜料的亲密接触所带来的快乐。

活动准备：

孩子有把玩颜色的经验、罩衣、户外场地、水粉颜料（咖啡色、深绿色、浅绿色、黑色、柠檬黄、浅黄色）、湿抹布、大白纸、桌子、报纸

活动过程：

1. 在远处观察树的形态、结构（对比观察）。

这片小树林有许多树，这些树看起来有什么不一样？（引导重点：观察树

干的粗细、弯直、高矮；树枝向不同方向伸展；枝叶的疏密及颜色深浅的变化）

2. 近处观察树

刚才我们从远处看到了有的树长得粗壮，有的长得细小，有的长得直直的，有的长得弯弯的，有的长得很高，有的长得很矮，从树干上长出了许多分叉的树枝。树枝上的树叶有的长得很多、密密的，有的长得很稀疏。那我们现在走进去摸摸看还有什么发现。

3. 引导幼儿用手的不同部位大胆作画

以前我们用笔画画，今天用我们的双手来作画，伸出你的小手看看，我们可以用手的哪些部位来画画？怎么画？如果想换颜料怎么办？那我们就用小手大胆地画出你看到的树吧！

4. 鼓励幼儿大胆尽情创作

画画是件很随意很开心的事情，不要太担心弄脏你的衣服，创意就要随意一点，大画家就是这样画画的。

5. 作品展示交流、欣赏

"手与树"活动反思

1. 让美术活动成为幼儿自主表达与表现的途径

（1）教师选择自主取材，自由感知。户外环境的开放性能够为幼儿创造性的自主表达与表现提供最佳条件。选择幼儿园的小树林，拥入大自然的怀抱，孩子的心情是愉悦的，在这种情况下产生的情感也是积极的。这时的孩子是最大胆的、最不受约束的，创造性思维能得到很好的激发。从第一次试讲和这次的活动都可以看出孩子们在户外实地观察并创作的自主性得到了很好的体现。

（2）自由选择手的部位；手掌、手指、手背、手臂、拳头等。

（3）自由选择不同的作画方法：点、摁、切、印、抹等。

（4）自由地玩色。自主选择不同颜色创作不同的大树形态。

2. 对不同层次的幼儿分层指导

接纳和赞赏幼儿的差异性、独特性和创造性。在艺术活动中，幼儿的情感体验、联想、表现、表达是不同的、多元的、可变的，有相当大的自由度。给幼儿一片自由的天地，让幼儿用自己的方式"讲述"自己的故事！

（1）规范作画的幼儿。引导幼儿大胆想象，拓展思维，表达内心世界。

（2）有创意的幼儿。要肯定幼儿的表现。

（3）无意识创作的幼儿。支持他、接纳他，并在他的经验的基础上给予具体指导和帮助，效果会更好，这也是艺术教育所要追求的目标之一。

3.“画粗线条，找大感觉”的大师风范

户外场景的选择，让人感觉充满艺术气息，既激发兴趣，又将有生命的物体在画纸上展示出来。用简单明了的线条勾画大树的树枝与粗粗的树干，也正应对了“画粗线条，找大感觉”的大师风范！（教师强调幼儿要像大画家一样画画）在这种似写生而非写生的活动中，幼儿以他们独特而富有智慧的视角、用他们这个年龄独有的简约的、抽象与写实交相呼应的表现手法，大胆而自信地表达与表现出了各种各样的树。

二、理论探究

（一）爱是幼儿教育工作的基石

达州市渠县贵福镇第一中心小学幼儿园　陈小锐

其实，我并不是受过专业培训的幼儿教师，今天当上幼儿教师，完全是因为要照顾女儿的缘故。以前女儿很小，工作地点离家很远，所以才考虑转行。于是从 1997 年开始了，在通过了一系列学习与考试之后，我成了一名幼儿教师，这才开始了我近 20 年的幼儿教师的生涯。与所有从事培育祖国花朵的同事们一样，这些年我也经历了在工作中遇到困难时的不知所措，也尝试到了工作中的酸甜苦辣。自己的点滴进步得益于遇到的良师益友，“做一行，爱一行”是我这个普通幼儿教师的人生信条。

一分付出，一分收获，对孩子的教育也是如此。因为一百个孩子就有一百种语言，有一百个想法，有一百种思考，每个孩子都蕴藏着独一无二的天生的智慧，都隐藏着孩子们与众不同的魅力，他们就像一本百看不厌的书，需要我们认真、仔细、持之以恒地一页一页地去读懂。因为教育是爱的共鸣，是心与心的呼应。作为一名幼儿教师，要对每一个孩子播撒爱心，用爱的行动点燃孩子的希望。当孩子流着鼻涕走到你面前时，我们不能视而不见，要帮孩子擦洗干净。当孩子不舒服时，我会看孩子是否在发烧，把我的嘴凑到孩子的额头上亲吻一下。当孩子的鞋带滑落时，我会蹲下身子给他们系上。当孩子们的大小便弄脏裤子时，我会给孩子换上我女儿小时候的衣裤。当孩子离开父母哇哇大哭时，我会像妈妈一样紧紧地抱住他们，哄哄他们，给他们温暖和安慰。

作为老师，在班上常常都会遇到不同性格的孩子，有的天资聪慧，有的活泼好动，有的沉默寡言。众所周知，聪明、活泼、漂亮的孩子人见人爱，在幼儿园常常是老师的小帮手，他们每天都收获成功和喜悦，使得他们更加自信聪明。但是性格内向的孩子就成为“弱势群体”，他们最容易被老师忽视和冷漠对待，好像在老师眼中他们从不惹事、老老实实，就是老师心目中最听话的乖娃娃。其实像这样的孩子我们更应该多关心他们，多呵护他们，多鼓励他们，多信任他们。班上有位叫霜霜的小女孩，个头和年龄都偏小，平时很少说话，同伴抢她的东西，她也从来不闹，也不主动和其他小朋友交流，一直都是十分内向的样子。有一天我看见霜霜，无意中便叫了声“女儿”，后来过了几天，霜霜的妈妈告诉我，霜霜回家后很开心，高兴得手舞足蹈，而且一直说“陈老师把我当成女儿了”。当时我真的很感动，后来我继续用这种办法去鼓励霜霜参与更多的游戏活动。于是在一段时间后，我发现霜霜明显比以前大方了许多，也喜欢和同伴一起玩耍了。放学的时候，家长没接她的时候，她慢慢开始变了，也不像以前一个人躲在一旁玩耍，她和同伴们在前台边唱歌边跳舞，很高兴的样子，我也会翘起拇指夸她，“女儿真了不起，你的舞姿太漂亮了！”这时，从她的脸上表露出的是那么开心和自信。从这件事中，我明白了对于孩子们，我们当老师的可能没办法像家长那样关照他们的衣食住行，但是我们要尽自己最大的努力，用正确的方法去鼓励孩子，对孩子进行正确的引导，在自己力所能及的方面去帮助孩子。因此，在学校里，我们就是孩子的天，可能无意中的一个行为就会影响孩子以后的路，就会在无意识间改变孩子的一些不足。

每个孩子都应该被宠爱，他们是我们的未来。可是，有这样一群孩子，他们是一群折翼的天使，流落人间。他们或性格自闭，或存在智力障碍，或生活不能自理，有的甚至不能表达自我。在与孩子们的交往中，我牢记一句话，“只要我们不放弃，孩子就有希望。只有我们不放弃，孩子才有希望。”我的班上有位小女孩叫黄香婷，长得乖巧可爱，很少说话，刚入园的时候，我以为这位孩子性格内向、腼腆。经过一段时间的接触，我才慢慢发现这位孩子可能患有自闭症。知道这件事情后，在平时的一些方面我不免对香婷更加上心，在平时的生活中尽心地关心她，陪她说话聊天，尽管很多时候她都只是傻乎乎地看着我，并不说话，但当时的我却一直坚信时间能改变一切，所以我也一天天地坚持下来了。也不知道过了多久，香婷和我越来越亲近，越来越喜欢在我的身边玩耍，上课的时候她也一直目不转睛地看着我，下课也一直安静地跟在我的身边。去年过春节的时候，我给香婷买了一套新衣服作为送给孩子的新年礼物，虽然只是一件不起眼的小礼物，但是我从香婷的表情看得出来她真的很高兴，身为老师的我也感到十分开心。后来香婷的婆婆告诉我，说香婷每天回家后都会活蹦乱跳自己说一些话，嘴里也自言自语地一直念着“陈老师好……妈妈”几个字，听到这里，我眼里闪出了点点泪光。在平时的生活细节中，虽然我不是专业医生，但是作为一名幼儿老师的我，也可能就是医治孩子心灵最好的“医生”，也许我不能改变一些上帝加注在孩子们身上的不足，但是我却相信只要心中有信念，就一定能够改善孩子的缺陷，帮助孩子们更加健康快乐地成长。像这样的孩子，他们就像没有根的花，更需要我们细心地栽培和呵护他们，需要我们晓之以理，动之以情，用宽厚的爱心，给予孩子持久的关心和帮助，对他们进行启发诱导，在积极训练下，引导孩子走出封闭的世界，增加与孩子的接触时间，加强与孩子的交流。平时要经常逗着孩子玩耍，触摸和亲吻孩子的脸蛋和小手，经常给孩子赐以微笑和欢乐，使孩子产生并获得安稳、愉悦和满足感。对待不同的孩子，我们要学习做一个懂得孩子心理的“父母”，多抽时间与孩子在一起，多让他们开心，让孩子其乐融融生活在我们这个温馨的大家庭，多关注孩子的情感需求和心理需要，多去换位思考，使孩子远离自闭，也是我们做幼儿教师应尽的职责。

在我的班上，还有一位非常可爱的小男孩，他叫李子琪。他很渴望得到老师的表扬，平时他会努力地表现自己，期望得到老师的表扬和鼓励，因此小子琪是属于比较好动的那类孩子。最开始，子琪在教室里总是坐不住，一直会不停地跑来跑去，怎么叫都叫不住，让老师们都觉着这是一件很苦恼事，有时候我都会忍不住要生气、发火。每次批评了小子琪之后，不一会儿他便又恢复了原样，有时还会有愈演愈烈的趋势。一次又一次的教育，无论对他怎么好言相劝，还是厉声呵斥，有时甚至来点小小的惩罚，可是感觉收效总是不大。有一次小子琪又在教室里疯跳，一不小心就摔倒了，我就笑着说了句“‘活该’”，我以为口中无意识的一句话，他不会放在心上。后来有一次，在教室里我的裙子不小心被钉子钩了一个小洞，他见了竟得意洋洋地对我说了一句“活该”，开始我觉得有些好笑，然后我才意识到，我们平时一些细小的行为，会对孩子们产生很大的影响。在幼儿园我们不仅向孩子传授知识，更需要去引导孩子，而且也需要在孩子面前注意自己的言行，因为老师的行为就是孩子们的一面镜子，你不会知道这会给孩子们带来什么样的示范。再后来，有一次我们班上手工课，放学后，我打扫卫生，并准备将一些废纸扔掉的时候，小子琪突然跑过来说“陈老师，不要扔，我可以用它们来折飞机”，然后我就把剩下的能用的废纸交给他，令我惊奇的是不一会儿各种各样的大小飞机便像魔术一样从子琪的手中“变”

了出来，这时我真的感觉很惊讶，我这才发现这小子琪最喜欢玩玩具，于是我就鼓励他，并教会他利用废弃纸张做一些简单的纸制玩具，告诉他这样不仅能“变”出很多好玩的东西，还可以节约资源、保护地球环境。从此以后，小子琪就像变了一个人似的，有空就用废纸片做玩具，并把做好的玩具和小伙伴们一起分享。一次，我站在凳子上打扫电扇，小子琪急忙跑到我面前说了句“陈老师您小心点，别摔倒了呀”，这时候，全班几十个孩子都跟着他一起喊了起来，那一刻我真是万分感动。和孩子们相处，与孩子们之间的爱是相互的，我们不要轻看孩子，他们的内心世界也充满着爱。孩子们都渴望被人尊重和赏识，调皮的孩子也是一样的，他们活泼好动、好奇心强、善于思考、坚强勇敢，会释放出他们不一样的智慧。

在人生的教育生涯中，我们随时都可能遇到一些调皮的孩子，他们虽然有时让家长、老师们头疼，但很多时候他们也会带给我们意想不到的惊喜。我们要学会用欣赏的眼光去看待这些孩子，去挖掘他们身上哪怕是微小的优点，用一颗赏识的心去欣赏并鼓励他们，用爱的目光注视他们，用爱的心情去倾听他们，用爱的行动去感染孩子们，只有充分了解孩子并发现他们身上的优点和长处，才能把属于孩子的机会还给我们可爱的孩子们！

（二）浅谈适度拿捏赏识教育与挫折教育

仪陇县土门小学幼儿园　史莨璃

一、赏识教育是阳光

赏识教育遵循的主要理论是积极心理暗示，且赏识是教育的真谛，是一种渗透在日常生活中表达爱的教育理念，是一种表达积极人生态度的激励艺术。从这个意义上说赏识教育是阳光，而孩子的成长最需要阳光。

1. 学会接纳孩子身上的问题

孩子总是喜欢问为什么，就像心里装着十万个为什么。而作为老师或家长的我们可以回答他们一些问题，但是绕来绕去的有时不知所以然时，我们也许会说：烦不烦呀，总是问这问那的，哪有这么多的问题。这样想就错了，我们应该聆听孩子的心声。例如，有一次给小朋友上课的时候，我问小朋友：我们的小手可以干什么？有很多小朋友说可以穿衣、画画、写字、跳舞等，突然一个声音响起说“可以看电视”，当我听见这个答案时感觉有点尴尬，但我很快反应过来，对她说手不能看电视，但是我们的眼睛能够看电视。益益又对我说：为什么不能用手？我们看电视是用手操作遥控器来选择我们喜欢的动画片。于是我又对她说：这样啊，虽然我们看电视的时候是用手在按遥控器，选择我们喜欢的电视节目，但是我们是用眼睛在看电视。过了一会有小朋友说：我就是用眼睛看电视的……听到他们的回答我开心地笑了，最后所有的小朋友也开心地笑了。你看，如果当我们面对问题的时候说：不要问那么多，只要知道就好了。这样久而久之就扼杀了小朋友的好奇心与创造力，使小朋友少了童趣。

2. 赏识就是肯定与支持

我们总把孩子比喻成花儿，而老师亦是园丁，要想让花儿长出丰硕的果实，园丁必须付出艰辛的劳动。而对学生的这种爱护，不仅仅是物质上的，更多的是精神上的肯定与支持，只有这样才能让孩子茁壮成长。我们班有个叫宇宇的小朋友，性格有点孤僻，对什么事情都提不起兴趣，为了庆六一学校排练节目，很多小朋友都在认真地练习，而他总是站在那里不动，我总是在他身边耐心告诉他该做什么动作了，多次的排练，都没有看到他做动作，一次，他舞了两个动作，我内心非常高兴，马上对他说：宇宇你真棒，加油哦。由于我对他的肯定，他更加卖力了。他奶奶告诉我说，宇宇回家说老师表扬了他，他要更加努力。从那以后，我多次肯定并支持他，使他的表现越来越好了，也渐渐融入小朋友中并爱上幼儿园与老师。你看，这就是赏识中肯定与支持的力量。

3. 赏识就是尊重与理解、信任与宽容

孩子是一个独立的个体，我们应该细微地观察他，并尊重与理解他们，对不同的孩子采取不同的方法教育。而我们对孩子的信任与宽容就是给孩子心灵上的安慰、爱与自信。

二、孩子的成长需要挫折

俗话说：不经风雨，长不成大树；不受百炼，难以成钢。挫折是孩子成长过程中的风雨，我们必须让孩子知道，在成长的道路上不可能是一帆风顺，总是会经历艰难、困苦与折磨。

1. 挫折能增强孩子的自理能力

我们经常说："孩子太小了。"这句话包含了太多的意义，使更多的孩子对成人养成依赖性。其实想想，孩子虽小，但是我们要让孩子慢慢地明白与理解，学会做自己能够做的，而不是依赖，记得有一句话说："授人以鱼，不如授人以渔"。在我们学校，有一些中午不回家的孩子，这些孩子在午休起床后，就涉及穿衣、穿鞋的问题，有很多小班的小孩都不会穿，更加分不清楚左右，作为老师的我们总是耐心告诉并鼓励他们，使他们不至于在失败多次后感到沮丧，慢慢的孩子学会了，一天孩子们穿好衣鞋准备回教室，小茹小朋友突然对我说："老师你看，我穿对了，他穿错了。"我一看真是这样的，这时我的内心充满了喜悦，孩子不但会看自己的，还能够找到错误。其实错误更加容易让人记住，当他们经历了挫折，从挫折中学习，从而使知识记得更牢固了。

2. 要学会先赞美，后指出缺点

赞赏，是夸奖学生人好，做的事也好；批评，是批评学生做的事不好，对事不对人。赞赏和批评分开，赞赏对人，批评对事，指出缺点；就能既激励学生又能鞭策学生。当小朋友犯错的时候，不能一味地指责，而是应该先说：老师最喜欢乖宝宝了，你是乖宝宝，就要听老师的话，然后再指出错误。小朋友也乐意改正，当我们以宽容的心态对待孩子时，孩子也在不断探索与进步。

三、结　论

赏识教育和挫折教育看起来是正反两种教育方法，但是他们是相辅相成的，都是教育孩子必不可少的方法。如果我们把握好这个度，则会事半功倍；拿捏好这个度，必须做到谨慎；若拿捏不当，多一分赏识就成了溺爱，少一分挫折就没有向前探索新事物的动力了。所以我们不管是进行赏识教育还是挫折教育，只要把握好它，用对、用准它，这样才不会让事情的结果偏左偏右，从而产生意想不到的结果，有利于孩子的身心健康发展。

（三）论中大班幼儿自信心的培养

四川省绵竹市第二示范幼儿园　曾莉

一、问题的提出

人们常说：自信是成功的基石，是人的发展的内在动力。一个心理健康的幼儿，一定是一个自信的幼儿，教育者要想培养出心理健康的幼儿，就必须先让幼儿学会自信。而 4 ~ 5 岁是人的自信心培养的关键时期。在这一时期，及早观察与发现幼儿自信心形成的倾向，并通过有目的有计划的教育影响，把自信心的发展引向健康积极的方向，具有重要的现实价值，可以产生事半功倍的效果。《3-6岁儿童学习与发展指南》中也明确指出："能主动地参与各项活动，有自信心"，"为每个幼儿提供表现自己长处和获得成功的机会，增强其自尊心和自信心"。在平时的教育教学活动中，我们会经常发现，有相当一部分幼儿缺乏自信心，认为自己在某方面或是很多方面都不如别的幼儿。他们往往表现出害怕、退缩、无主见等心理特点。可见，培养幼儿的自信心是一个重要的课题。现结合《3-6岁儿童学习与发展指南》精神与我班的实际情况，把"自信心的培养"作为实施贯彻《3-6岁儿童学习与发展指南》的一个方面来研究和了解。

二、中班幼儿自信心发展的主要表现

由于我班幼儿是直接上中班的，大多数幼儿年龄偏小，各方面的发展都参差不齐，很多幼儿缺乏自信心，稍遇困难就退缩，不敢大胆地表达自己的意见，怯于与老师交往，参与活动的积极性、主动性差，不能充分发挥自己的能力去认识和探索事物。注意力经常不集中，惧怕尝试新任务。常常会说"我不会"或不敢下笔，缺乏主动精神和创造的勇气。因此，教师的责任就是要注意发现这种客观存在的差异，及时发现自信心较弱的幼儿并给予必要的个别教育和帮助，使每个幼儿的个性都能得到健康的发展。

三、幼儿自信心从中班到大班的发展变化

教育对幼儿自信心的发展具有重要意义。作为老师应该学会在日常活动中注意观察每个幼儿自信心形成的特点。寻找自信心较弱幼儿的闪光点，在此基础上有目的有计划地进行教育，使幼儿认识自己的长处，相信自己的力量，才能有效地促进幼儿自信心的成长。

我们主要采取日常生活、学习活动、游戏活动以及家园配合等方式，针对不同幼儿的个性特点，运用不同的方法培养幼儿自信心。

如：很多幼儿上课经常不举手，一方面是害怕和别人比较和遇到失败，另一方面是上课时间短，被积极性高的幼儿回答了，经常被忽视，得不到发言机会，也不想尝试了。我们尽量采用小组活动，扩大活动面，鼓励自信心弱的幼儿多举手发言，肯定他们的勇敢和进步。同时改进教学，开展整合课程，确定幼儿感兴趣的内容以及让幼儿确定主题，采取灵活多样的方式，让幼儿做学习的主人。另外，我们分别对不同的对象，对幼儿实际存在的某一方面的知识和

能力的缺陷，进行个别指导，动员家长给予辅导，使他们较快地突破自己的薄弱环节，增强自信。经过中班一年时间的教育，幼儿解决问题的能力逐渐增强，参与活动的积极性越来越高，善于表现自己，很多幼儿还树立起“我也会、我很棒”的信心，特别是自信心较弱的幼儿也越来越有信心了。

四、如何更好地培养幼儿自信心

通过对幼儿自信心的实验研究，历时一年多，时间虽然较短，但是我们感到收获很大，全班幼儿的自信心有了明显的增强，特别是自信心较弱的幼儿的变化很明显，为了更好地培养幼儿的自信心，现将在这一实践中的情况总结如下：

1. 创设良好的精神环境有利于幼儿自信心的形成

教师要以平等亲切的态度对待每一位幼儿。教师在幼儿心目中是神圣的，教师的教养态度直接影响着幼儿。教师应为幼儿创设一个宽松、和谐、有利于幼儿身心健康成长的良好精神环境。要创设这样一个氛围需要我们把幼儿视为一个独立的人，给予幼儿足够的自由度，经常与幼儿做朋友似的沟通，了解幼儿的所思所想，对幼儿有合理的期望，这种期望带给幼儿信心和动力，激发幼儿积极向上、要求进步。比较那些成人对他们并不抱任何希望的孩子而言，这些孩子们往往透着智慧和信心，以及被人关爱的满足。但是千万不要让这种动力过强过激而成为孩子的压力，使孩子对事物望而生畏，严重束缚了他们的手脚。对孩子们寄予的希望合理，对他们的关切适宜，将让孩子在充分体会到成人关怀信任的同时，敢于大胆表达自己、敢于创新求异、敢于并乐于沉醉于自己感兴趣的活动中。

2. 充分利用各种途径使幼儿体念成功是建立自信心的基础

（1）利用区角活动帮助幼儿建立自信。

首先，区角活动自主选择，个别活动的方式使自信心一般和较弱的幼儿信心增强了，以往集体教育模式中统一的教材、统一的操作练习，总是由那些能干的孩子唱主角，长此以往，一般或较弱的幼儿因得不到表现机会而变得沉默、退缩、自信心受损。在区角活动中每个幼儿可以根据自己的能力去选择自己喜爱的活动，大大提高了幼儿成功的机会，并在品尝成功的喜悦中增强了自信心。

其次，区角活动让各有所长的幼儿有机会表现自己。区角活动中丰富的操作材料给有不同兴趣的幼儿提供了表现自己的舞台。如李婧雯跳舞跳得好，在音乐区里经常为大家跳舞，很受同伴的欢迎；尹伦杰对绘画和手工非常感兴趣，教室里的墙饰有很多是他的作品；冯刚阳喜欢听故事、讲故事，在语言区里是大家的“领袖；章峻嘉对结构玩具情有独钟，不但自己在短时间内熟悉了操作，还经常去指点有困难的同伴。每个幼儿都在一些个别项目上处于领先地位，老师和同伴的称赞使他们重新认识自己，看到了自己的长处，相信了自己的能力，建立了信心。

此外，区角活动轻松自由的氛围，无形中减轻了幼儿的学习压力，这种轻松、自由的氛围让内向胆小的幼儿放开了自己，学习的积极性大为提高。

更重要的是区角活动给了幼儿探索的时间和空间，也使每个幼儿和老师的接触更多了。在区角活动中，教师采用个别观察、个别示范、个别指导的教学方式，这样，教师可以及时发现每个孩子的闪光点和点点滴滴的进步，有针对性地加以指导，真正实现因材施教。同时，老师和学生一对一的教学方式，让自信心较弱的幼儿有更多的时间和教师接触，感受到了老师的关爱。

（2）在日常生活中帮助幼儿建立自信心。

明芷馨内向、胆小、沉默寡言，但她生活自理能力较强，会正确穿衣裤、系鞋带，整理衣物、叠被子。在午睡及起床时，我经常让她为小朋友示范，经过一段时间后，她不仅会教同伴了，而且人也开朗自信了许多；罗彩瑞是一个好动的孩子，经常欺负其他小朋友，但他也有为同伴服务的心，经常主动为大家发碗筷、端饭、端凳子、收拾玩具，我在全班表扬他，让大家看到了他的优点，使他在同伴面前获得自豪感和满足感。同时，在日常生活中经常开展“我能……”的主题活动，让每个幼儿向同伴介绍自己能干什么，内容可包括学习、纪律、活动、家庭服务等方面。该活动可使幼儿进一步明确意识到自己的长处，并在大家相互交流、肯定与鼓励中树立自信心。或者让幼儿轮流担任值日生，要求他们承担职责，如分发物品、讲故事、检查整理玩具柜、表扬好人好事等。在这个活动中，幼儿不管能力强弱，都有机会担任小班长，既为同伴服务，又在同伴面前展示自己的优点和长处，从而提高自己在同伴群体中的地位，增强自信心。

3. 积极的评价是发展幼儿自信心的重要手段

幼儿是通过别人的眼睛来认识自己的，因此成人的评价对幼儿的心理和行为起着重要的作用。积极的评价包括爱抚、鼓励、点头微笑、语言夸奖、图片表彰、委托重任、送五角星或图片等。恰如其分地给幼儿良好行为以积极评价，不但能使幼儿体会到快乐和满足，提高幼儿在集体中的地位，激起其继续上进的愿望，同时也增进了幼儿的成就感和自信心。如罗彩瑞小朋友经常在美术活动时不知怎么下笔，或者让其他小朋友帮他画，有一次在画装饰画时，我发现他选择了用圆点、线条来装饰，虽然很简单，但很有装饰效果，而且画面干净，色彩搭配合理，我立即在全班表扬了他，并送给他五角星来鼓励他，他画画的劲头更足了，父亲接他时还不肯走。一个小小的进步让他在班上树立了威信，体验到了被人肯定的喜悦。以后，罗彩瑞的绘画技能有了很大提高。

4. 家园配合是建立幼儿自信心的桥梁

《幼儿园教育指导纲要》中指出：家庭是幼儿园重要的合作伙伴。因此，帮助幼儿建立自信心需要家长密切配合，如果老师注意对幼儿进行鼓励、表扬、肯定，家长却时常随意贬斥、否定幼儿，或者老师注意给幼儿创造锻炼的机会，幼儿回家后家长却什么也不敢放手，不让锻炼，是不可能培养和建立起幼儿的自信心的。在家长共育工作中，教师要起主导作用。可通过开办家长会、讲座、家园联系表等形式向家长宣传，使家长认识到幼儿自信心培养的重要性及其正确的教育方法。同时经常与家长保持联系，了解家长的教育态度，并针对家庭教育中存在的问题对家长进行指导。此外，要鼓励家长及时向老师反映孩子在家的自信心表现，以利于老师了解情况，更好地进行有针对性的教育。总之，幼儿园和家庭只有密切配合，步调一致，才能培养出自信的一代。

五、结　论

△ 创设良好的精神环境有利于幼儿自信心的形成。

△ 充分利用各种途径使幼儿体验成功，是建立自信心的基础。

△ 积极的评价是发展幼儿自信心的重要手段。

△ 家园配合是建立幼儿自信心的桥梁。

（四）在自制图书活动中培养幼儿自主学习能力

德阳中江县大东街幼儿园　唐小艳

一、问题提出

面对新世纪的挑战，适应科学技术飞速发展的形势，适应职业转换和知识更新频率加快的要求，一个人仅仅靠在学校学的知识已远远不够，每个人都必须终身学习。终身学习能力成为一个人必须具备的基本素质。在未来的发展中，我们的幼儿是否具有竞争力，是否具有巨大潜力，是否具有在信息时代轻车熟路地驾驭知识的本领，从根本上讲，都取决于学生是否具有终身学习的能力，让学生在基础教育阶段学会学习已经成为当今世界诸多国家都十分重视的一个问题。正如联合国教科文组织出版的《学会生存》一书中所讲的："未来的文盲不是不识字的人，而是没有学会怎样学习的人"而终身学习一般不在学校里进行，也没有教师陪伴在身边，全靠一个人的自主学习能力。可见，自主学习能力已成为21世纪人类生存的基本能力。《基础教育课程改革纲要》也提出要"改变课程实施过于强调接受，死记硬背，机械训练的现状，倡导学生主动参与，乐于探究，勤于动手，培养学生搜集、处理信息的能力，获取新知识的能力，分析解决问题的能力，以及交流与合作的能力。"就是要转变这种他主的、被动的学习状态，提倡以弘扬人的主体性、能动性、独立性为宗旨的自主学习。自主性学习是个体终身学习和毕生发展的基石，是国家基础教育课程改革强调的一种学习方式，因此，培养自主学习能力成为课程改革的首要目标。其次，自主学习能力是个体终生发展的需要，是幼儿自身成长、发展的重要标志，也是新世纪人才必备的重要个性品质。自主学习是个体走出学校后采取的主要学习方式，而没有自主学习能力，个体的终生发展会受到极大的限制。再次，《幼儿园教育指导纲要》中也十分明确的强调了让幼儿主动学习的现代教育思想，改变了以前以传授知识为主的教育目标，而是把首要目标放在以培养幼儿对学习的兴趣、积极的态度和情感及能力培养上，即"学习是建构知识，而不是传递知识。"教育和环境要积极支持儿童的自主建构过程。充分体现了以人为本的教育思想，也突出了幼儿的主体性地位。许多心理学研究表明，孩子幼年时期的兴趣、习惯、能力对于其终身影响是非常重要的，可见从幼儿时期就重视加强保护和培养幼儿良好的学习兴趣、学习态度、学习能力，对其终身发展是非常重要的。

二、现象和原因

我们对大班的38名孩子进行了个案观察，结果如下：

（1）在选择材料方面，18名幼儿表现出盲从他人的现象，占全班人数的46%，10名幼儿能够根据自己的喜好选择材料，占全班人数的27%，10名幼儿表现出自己的想法，占全班幼儿人数的27%。

（2）在活动中的交往方面，有12名幼儿能关注别人的语言和行动，占全班人数的32%，有20名幼儿喜欢与同伴一起游戏，占全班人数的53%，有6名幼儿合作水平较高，占全班人数的15%。

（3）在创造性方面，只能模仿和重复的幼儿有 25 名，占全班人数的 66%，能试着提出自己的见解的幼儿有 6 名，占全班人数的 15%，能迁移经验，拓展出不同的玩法的幼儿有 7 名，占全班人数的 19%。

（4）在解决问题的能力方面，容易中断或放弃活动的幼儿有 26 名，占全班人数的 68%，解决方法比较单一的幼儿 7 名，占全班人数的 19%，试图寻找正确的方法的幼儿 5 名，占全班人数的 13%。

以上结果表明：幼儿可以用一些方法（如自言自语）来帮助自己明确活动的任务和步骤，有时还能用较为清晰的语言告诉老师活动的计划，但从总体上看，幼儿的自主学习的意识比较淡漠、自主学习的内容比较狭窄，方法还比较欠缺，自主学习的能力还很弱。认真分析之后我们进行了以下归因：

1. 教师忽视幼儿自主学习能力的培养

幼儿园老师的事务繁杂，要完成的教学任务也较多，所以每天安排孩子自主活动时间较少，自主学习很少被老师关注。有的教师虽然有较先进的教育理念，但是在实际教学中，往往表现出的是理论和实践的脱节，穿新鞋走老路，一线教师将理论与实践相结合的能力还不足，所以存在着教师机械教孩子被动学的现状，还是比较重视知识的传授，轻视能力的培养，孩子不能掌握自己学习的方法，如幼儿认识一种动物，多是出示图片或者实物，让孩子们看看，然后老师给孩子们讲动物的一些特点、常识，而很少让孩子们通过自己主动的观察、饲养、发现、查资料等来进行自主学习获取知识和经验。如：计算活动认识“1”和“许多”，教师出示“1”，让幼儿说出是“1”，再出示“许多”的实物或图片，让幼儿说出是“许多”，这只是粗浅的记忆，而不是真正的了解“1”和“许多”的意义。

2. 家庭教养的缺失

家长的教育观念不正确，不少家长为了幼儿的明天能够活得更好些，或者比爸爸妈妈们生活得更好，热衷于在孩子幼小的时期就开始进行填鸭式的启蒙教育，抱怨孩子学习不自觉，让人操心，认为其孩子自制力或者自主学习能力不够，因此一天满满的都是补习班的课程。换言之，孩子根本没有多少自主学习的时间。玩是孩子的天性，当这些孩子被剥夺了玩的权利，只能没完没了学习，学习还有什么兴趣可言？现在的家长对孩子的期望越来越高，家长的眼睛总盯在金字塔的塔尖上，而塔尖上又能容下几人？于是，没完没了的批评和指责便扑向孩子，孩子很难得到家长的肯定，自然也体验不到学习的成就感和快乐，就这样，孩子的自主学习动力源泉渐渐地消失了，自主学习能力越来越差。不少老师也感觉到，孩子学习的依赖性特别强，从收拾书包到做作业，处处透着家长的影子。正是家长过度的爱，剥夺了孩子尝试自主学习的机会，使孩子在学习上变得容易依赖别人、缺乏主动性。

三、解决方法

针对以上问题，幼儿教师应如何采取有效方法，培养幼儿的自主学习能力是我们期待解决的棘手问题。

就在我们一筹莫展的时候，老师们发现：班里孩子们对图书很感兴趣，因为图书是人们获取信息、进行学习的重要材料，孩子们对自己买的迷宫书、动画书，特别是自己制作的图书更感兴趣，自制图书作为早期阅读的一项内容，在培养幼儿前阅读能力等方面都起着重要的作用。通过自制图书，不仅使孩子爱上阅读，从中发展了语言能力，培养了想象力与创造力，拓展了他们的知识，并在积累知识与经验的同时，激发幼儿阅读的兴趣，培养幼儿自主阅读的能力。自制图书活动给幼儿带来更多的是成就感和阅读的愉悦感，他们阅读自制图书时，有更丰富的想象力和自主性，由于是自己创作的故事情节，幼儿能很自信地和同伴分享交流图书的内容，大胆表达对故事的理解，在阅读过程中感受快乐和成功，这将进一步激发幼儿的阅读兴趣，提升自主阅读能力，有效促进了其自主学习能力的培养。但大多数孩子只是对书中的部分内容有一些感受，对书里的内容学习不够深入、全面。如：给幼儿发一本主题书，他们一会就翻完了，有的便对这本书不感兴趣了。家长也反映让孩子学习看书，孩子总是不愿意，除非家长陪着、用孩子感兴趣的方式、游戏等学习，不然孩子们就喜欢看电视，玩游戏。为了让孩子像喜欢玩具一样喜欢图书，必须让幼儿了解了图书的来历及意义，体现图书的重要价值，让孩子学会读书方法，享受读书乐趣，为孩子终身的学习和发展夯实基础，孩子们在制作图书过程中，依据自己的生活经验和对事物的理解，尽自己最大的努力，主动收集自己感兴趣的有关主题内容信息，运用不同的表现方式，表达自己对事物的理解，来想象设计画面，并在老师和家长的帮助下加上文字说明，由此，经历了制作与创作的全过程，从而理解了图书的意义，自然会愿意以书为师。自制图书像一位无声的老师，为孩子主动学习插上了翅膀，引导着孩子学会学习、学会探究，为孩子可持续发展积蓄着能量。但我们的研究还处在起步阶段，还存在较强的成人化倾向，教师需要不断提高观察、解读儿童的能力，最大限度地调动孩子在此项活动中的主体性，使图书的内容进一步深化，表现出孩子眼中的世界。同时为家长们营造与孩子共同阅读、共同成长、共同享受阅读快乐的平台。

幼儿自主学习能力，是指幼儿按自己的想法和意愿，根据自己的喜好、已有水平、行为方式，独立地来接触信息，获得经验，提升认识，自主发展，使学习过程更多地成为幼儿发现问题、提出问题、分析问题、解决问题的过程。

我们把自制图书和自主学习能力培养有效结合起来，通过自制图书活动让幼儿按自己的想法和意愿，根据自己的喜好、已有水平、行为方式，独立地接触信息，获得经验，提升认识，自主发展，培养幼儿发现问题、提出问题、分析问题、解决问题的能力。在实践中我总结了一些经验：

1. 教师利用多种教学方法，激发幼儿自制图书的兴趣，增强幼儿的自主学习意识

利用图书吸引幼儿注意力，让孩子喜欢图书和阅读图书，这是自制图书的第一步。然后教师要有正确的引导，培养幼儿自觉主动地学习和探究精神，要激起幼儿自主学习的兴趣，愿意并积极地参加自制图书的活动。在教学中要培养幼儿的专注力、坚持性、荣誉感等非智力能力。幼儿在反复操作的同时，可以通过自己的发现和探究，独立解决所遇到的困难和问题，也是幼儿逐渐吸收和提高的过程。在活动开展的过程中幼儿对主题教育的活动内容感兴趣，能积极地参加学习活动，增强了幼儿自主学习的信心，通过对孩子自主学习能力的培养，使孩子的学习变得更主动、愉快，身心发展更和谐。

通过课题研究，积极贯彻《幼儿园教育指导纲要》以人为本的理念，利用自制图书过程中的环节，如确定主题、设计页面、绘画、粘贴、观察记录等多种方式，引发了幼儿对书籍、阅读和书写的兴趣，培养前阅读和前书写技能。通过自制图书激发了幼儿的学习兴趣，锻炼了幼儿的动手能力，培养幼儿的想象力与创造力，拓展他们的知识，在积累知识与经验的同时，有效促进了其自主学习能力的提高，为其终身学习打下了坚实基础。

2. 教学实践中应该多给幼儿自主的空间，让幼儿做制作图书的编辑主人，然后在实际操作中学习知识、经验

在实验研究过程中，先让幼儿了解图书的结构和特点，再了解制作步骤、方法，激起幼儿自制图书的兴趣，明确图书主题，再开始制作图书内容、封面封底、页码等，在制作中进一步熟悉，最后是让幼儿学会阅读图书，养成阅读的好习惯。制作图书步骤方法也可多样，可先做内容、封面封底、页码，最后装订，也可先装订，再让孩子制作，但都要先讨论图书的内容主题，让幼儿心里有制作图书的目标。

引导幼儿自己把想说的事画成一页一页的画，或发动幼儿从废旧图书、图片、画报上剪下自己需要的人物、动物、植物等重新组合，贴在一张张白纸上，

发挥想象画上背景，最后创编故事，由幼儿讲述教师或家长帮忙配上文字，加上封面、封底，装订成册，小朋友相互介绍、交流自己的作品。

鼓励幼儿在制作图书活动中积极交流、讨论、互助，发展幼儿的合作能力及交往能力。在幼儿参加学习活动或日常生活中，鼓励幼儿将自制的图书与他人共同阅读、交换阅读，主动与同伴、教师、家长交流图书的内容，让幼儿说出自己的感受和想法，促进幼儿的自主学习能力的发展。

3. 教学中应该多给幼儿提供丰富的感知材料，让幼儿体验、感知、理解自制图书的内容

平常让幼儿注意收集各类图片图案，如包装盒、旧图书、旧报纸、宣传画册等，以便幼儿拼贴图书内容，创编故事书等。幼儿在园时，教师准备好制作图书的工具（纸、胶水、各种笔、订书机、图片、照片等）在幼儿自制图书时，教师陪同、帮助、指导幼儿的制作，在老师的引导下，幼儿正确的使用包括剪刀、胶棒、订书机、图画纸、彩色笔、胶布以及废旧报纸、废旧挂历等材料工具。在幼儿制作的过程中或完成后，做出积极的评价，以鼓励幼儿为主，达到培养幼儿的制作兴趣的目的。

4. 在区域活动中指导幼儿自制图书，培养幼儿自主学习的能力

首先，创设温馨舒适的阅读区、材料丰富的自制图书区，让幼儿喜欢而且能够自制图书，并喜欢阅读自制图书，能很方便地阅读自制的图书。鼓励幼儿把自己听到或创编的故事画成一幅一幅的画，装订成册，讲给老师、同伴、家长听，或放到语言区供大家阅读、欣赏。制定一些区域活动的规则，培养幼儿良好的自制图书习惯、阅读习惯。在图书制作好后做好管理，提高幼儿阅读的兴趣。

5. 在一日生活中贯穿自制图书培养幼儿自主学习的能力

利用晨间接待、餐后休息、等候等时间让幼儿继续自制图书、阅读图书、相互交流。创设一个积极自制图书、喜欢自制图书的氛围。幼儿自制图书还要充分利用社区资源，特别是家长资源，鼓励家长也参与到自制图书中，为孩子出主意、收集材料、配文字、设计图书结构图案内容、陪孩子阅读等。家长乃是幼儿的第一位老师，他们对孩子的认知兴趣、知识面、操作水平等都比较了解，可以选择幼儿较感兴趣的事物、现象、故事等为内容，幼儿的制作兴趣更浓厚，家长可以更好地指导、帮助幼儿自制图书。在利用家长资源时应该调动幼儿的积极性，让幼儿对自制图书更感兴趣，更积极爱护阅读图书。可进行及时表扬、评比、展示等方法鼓励做得好的幼儿，还应向家长宣传实验研究的目的、效果及配合方法。

总之，教师是活动的支持者、指导者，引导幼儿选择自身感兴趣的题材、

帮助幼儿选取制作图书的素材、建议幼儿制作图书选择科学的表现方式、积极评价幼儿的作品等，在整个过程中教师都要耐心细致。

（五）剪纸活动中培养幼儿节约意识的探究

仪陇县复兴小学幼儿园　王俊梅

勤俭节约是中华民族的传统美德。“历览前贤国与家，成由勤俭败由奢”，一个人，一个家庭，乃至一个国家都需倡导节约。“由俭入奢易，由奢入俭难”，节约的习惯只有从娃娃抓起，从每个家庭抓起，从全社会抓起，国家才能富裕强盛起来。当前，党和国家正在对各种各样的铺张浪费进行努力纠正，那么，我们幼儿教师在活动中应该为孩子们做些什么呢？下面我就在剪纸活动中如何培养孩子们的节约意识谈谈自己的想法与做法。

如今，独生子女家庭日渐增多，物质生活也越来越丰富，一个孩子自然就成了一个家庭的心肝宝贝。家长们都在盼子成龙、望女成凤，生怕哪一点落在别人的后面，于是对孩子们的要求是有求必应。孩子们从小就没有危机忧患意识，也就更说不上节约意识了。同时，部分幼儿园也一味地迎合家长的要求，普遍存在重知识、轻能力，重智育、轻德育的现象，幼儿的消费教育和节约意识的培养更是被忽视了。

在幼儿园的剪纸活动中，经常出现这样一些现象，不论要剪何等大小的物体，孩子们偏爱去取大的纸张，一不小心撕坏了，便会把纸扔掉又重新拿一张开始剪，甚至有些孩子拿着纸毫无目的地乱剪一通。拿着一张纸剪成纸条条也就罢了，还不停地取新的纸张，可以说在整个剪纸活动中，他们一直就是在取纸和扔纸，着实让人心痛。活动结束，孩子们在收拾碎纸的时候，孩子们会毫不犹豫地将这些剩下的不论大小的纸张当作废纸扔进垃圾桶内。当我们看到满满的垃圾桶中大大小小的彩色卡纸时，能觉得那不是一种可怕的浪费吗？因此，节约意识应当从小培养，从小事培养！怎样培养幼儿的节俭意识呢？我想可以从以下几方面尝试一下。

一、利用日常活动渗透节约意识

幼儿阶段的孩子常常喜欢和玩具、小桌子、小椅子说话，这是因为幼儿思维具有“拟人性”的特点。因此，我们通过故事、图片开展一系列活动，让幼儿了解纸张的形成与来源，感知每一张纸都来之不易。同时，将活动中“随意丢弃碎纸”的现象编成小故事，让孩子们通过故事认识到浪费纸张是不对的，树木妈妈会哭泣的，随意丢弃纸张是不好的行为，初步培养幼儿的节约意识。

二、正面引导幼儿按需所取，在行动中产生节约意识

在剪纸活动前，带领幼儿仔细观察一些物体，引导他们观察物体的轮廓，让他们做到心中有物再去剪纸。在剪纸活动中，为幼儿提供大小不一的纸张，引导幼儿根据自己要剪的事物的大小和自己对纸张操作的能力来选取所需的纸张。这样，孩子们在剪纸之前都会想一想，不再一味地取大张纸，也不会一味地频繁换纸、丢纸，从而减少了不必要的浪费，在不知不觉中产生了节约意识。

三、在模仿中学习，利用碎纸转化为行动，在快乐中强化节约意识

3 ~ 4 岁幼儿突出的特征是喜欢模仿老师、父母、同伴。他们在模仿中学习、成长，模仿是他们主要的学习形式，我们可充分利用这一特点，强化他们的节约意识。

在活动中，我们对幼儿进行正面教育，为幼儿寻找模仿对象，“XX 小朋友真棒，像魔术师一样，把碎纸都变成 XX 了”，同时，我们还将一些碎纸做成一幅幅精美的粘贴画，挂在美工区，吸引幼儿。孩子们有模仿同伴中的过程中，在老师的引导下，从兴趣出发，每次有碎纸时，不再急于丢弃，而是把它们积攒起来，还主动收集家里的废报纸、挂历等废旧材料放在了美工活动区，和我们一起进行艺术创作。我们制作的一系列碎纸粘贴画、碎纸小雪花、小纸球、手链、纸碗碟等作品，有的挂在美工区，有的放在游戏区，幼儿每次都能骄傲地向家长介绍：“这个是我做的”“这个材料是我拿来的”。这样，幼儿对碎纸创作更有信心了，不但培养了幼儿的创作兴趣，他们对碎纸的收集、整理更卖力了。更在行动中强化了幼儿的节约意识。

四、家园合作，使幼儿的节约意识得以延续，使之成为自觉行为

诚然，培养幼儿的节约意识，不只是节约一张纸这样简单。我们要从小教育孩子树立“节俭光荣、浪费可耻”的观念，让他们明白：细水可以长流，节俭才是财富，引导他们从身边的小事做起，节约一张纸、一滴水、一粒米。当

然，我们的父母也要以身作则，在节约方面为孩子做出好的榜样，保证我们的行为可供孩子模仿和学习，如：在刷牙或擦肥皂时关掉水龙头，同时用语言告诉孩子你在做什么，让幼儿通过成人口头和肢体语言掌握节约的方法。日久天长，幼儿就会在其他方面也开始有了节约认识。如：不剩饭、喝多少水接多少、随手关掉水龙头等。这样，孩子们的节约意识会在潜移默化中逐渐形成。

（六）农村留守儿童的心理健康状况与教育对策研究

高坪七小　陈燕

20 世纪 80 年代以来，我国农村劳动力出现了大规模的外出务工浪潮。根据权威调查，中国农村目前“留守儿童”数量超过了 5 800 万人。57. 2%的留守儿童是父母一方外出，42. 8%的留守儿童是父母同时外出。留守儿童中的 79. 7%由爷爷、奶奶或外公、外婆抚养，13%的孩子被托付给亲戚、朋友，7. 3%为不确定或无人监护。由此可见，大多数的留守儿童多由祖辈照顾，当然不是说爷爷奶奶们就一定不能照顾好孩子，不过隔代教育问题在留守儿童群体中最为突出，有谁的爱能够取代父母在孩子心目中的地位呢？聚少离多的生活让孩子感受不到父爱与母爱，有的父母为了省钱许久不给孩子打电话，或者是几年才回家一次，孩子父爱母爱的缺失，极有可能让孩子的心理发生扭曲，有的甚至走向犯罪的道路。根据最新数据显示，留守儿童心理问题检出率高达 57.14%。留守儿童问题是我国现代化进程中的一个独特的社会问题，是社会主义新农村建设的又一障碍，严重影响了留守儿童的健康成长，留守儿童心理问题是农村留守儿童最值得关注的问题。不少调查研究发现，留守儿童心理问题是存在的。本文就主要介绍留守儿童常见心理问题的表现，并分析留守儿童心理问题产生的原因。

一、留守儿童存在的心理问题

1. 对父母充满怨恨和仇视

有许多的农村家庭，因为生计父母被迫外出务工挣钱，为了节约钱，许多父母多年不曾回家一趟，更多的父母因为不懂得如何与孩子沟通交流，当孩子看见其他同伴有父母的爱护与陪伴的时候心里常常出现失落感、自卑感。这些种种的不愉快情绪导致孩子不理解父母外出务工的苦衷，从而对父母产生怨恨情绪，以至于当父母回家时也不愿意与父母亲近，有的甚至不愿意叫一声爸爸妈妈，父母子女间因此产生隔阂，这种隔阂可能一生也无法弥补。

2. 亲情意识不强，与父母感情疏远

在与很多已经长大的留守儿童的沟通与交流中发现，留守儿童的问题不仅仅表现在孩童时期，即使长大成人后，大多数的留守儿童与父母的感情都表现得很疏远，对父母的感情也表现得很冷淡，很多不懂得如何表达爱，长期的分离使得家庭的温暖感不强，找不到一家人其乐融融的感觉，仿佛他们中间隔着一条无法跨越的鸿沟。

3. 留守儿童存在孤独、委屈、敏感、自卑等消极情绪体验

对于一些留守儿童来说，他们很难向父母表达自己的感受，父母也无法及时对子女表达关爱，这种沟通和交流的缺乏造成亲子之间的心理隔阂，让儿童慢慢丧失基本的心理归属和依恋感，变得比较孤单、敏感、自卑。另外，由于农村的生活现状，代理监护人平时需要做大量的农活，对留守儿童的各种心理需求关注不够，这让他们在心理上感到自己与其他孩子有差别，当遇到事情或看到其他同学得到父母的关心照顾时，很容易产生委屈难过、缺乏依靠的感受，并表现出对目前和未来生活的担忧。

4. 留守儿童存在比较严重的交往问题

由于留守儿童亲情的缺失，在他们的生活中一方面存在着孤独与郁闷，担忧与失眠，并且表现为放任与自暴自弃，另一方面又经常受欺负或攻击其他同学，面临同伴交往问题。留守儿童的交往问题显著地受父母在外务工时间和回家间隔时间长短的影响，时间越长影响就越严重；同时存在年级差异和性别差异，年级越低受到的影响越大，有研究表明四年级留守儿童显著地在各个交往特征上受到最严重的影响；留守儿童女生比男生在交往交流问题上需要更多的关注和帮助。

5. 留守儿童存在心理障碍和人格缺陷

父母是孩子的启蒙老师，家庭教育对儿童的影响具有潜移默化的作用，也是影响人一生的至关重要的环节， 父母对子女的教育是任何人无法代替的。由于亲情缺失，儿童缺少情感和心理关怀，缺少倾诉和寻求帮助的对象，与外界不愿意接触或接触太少，一些留守儿童表现出内心封闭、情感冷漠、行为孤僻、自卑懦弱等人格特征，不同程度地存在心理障碍和人格缺陷。同时，由于老人的溺爱，造成部分留守儿童我行我素、不尊敬老人、固执倔强、情绪波动大、爱发脾气等不良人格特征。在学校里，他们常常表现为不合群、易嫉妒、叛逆心理严重，不能与老师和同学和平共处。调查显示，父母均在家的非留守儿童

在人际交往和自信心方面要显著高于单亲外出的留守儿童，而单亲外出留守儿童又显著高于双亲外出的留守孩子。

二、留守儿童心理问题形成的影响因素

留守儿童的心理问题并不单纯是由于父母长期外出所引起孩子情感缺失和心态变化发展的问题，而是社会、学校、父母、监护人与留守儿童自身之间多种因素交互作用的产物。

1. 社会因素

留守儿童多处于学龄期，自制力不足，模仿力极强，所以在社会这个大环境下，各种社会不良因素通过书本、电视、网络等多种途径所呈现的庸俗、不健康的作品对孩子幼小的心灵造成了很大的影响，此时，如果孩子得不到家庭的正确引导很容易走上歧途，造成不可挽回的后果。

2. 父母因素

父母是孩子的第一任老师，由于长期分离，孩子不能与父母进行正常的情感交流和沟通。当家庭不能够在这方面满足其需要时，将为孩子日后的健康成长埋下了隐患。据统计，在某地区在校生中的留守儿童，有 40% 与父母分离 3 年以上，最长时间为 11 年；父母与孩子异地沟通采用最多的是打电话，其次是写信，沟通的内容鲜有触及孩子的心理困惑、精神需求以及交往和兴趣等方面的问题。另外，留守儿童的父母由于普遍存在“补偿心理”，他们多在物质上给予孩子充分的满足，很少给予孩子精神食粮，因此，这类父母成为孩子身心发展过程中的旁观者。除了与父母沟通的方面，家庭的教养方式同样对留守儿童的心理影响巨大，家庭教养方式对留守儿童焦虑的影响因儿童的看护类型而定，父母和看护人的一些积极性的抚养行为对儿童的心理健康有着积极的影响，比如情感温暖或者支持温暖等，但是一些消极的比如拒绝等对留守儿童的心理健康有负面的影响。

3. 自身因素

留守儿童大多处在学龄期，心理生理尚未成熟，行为容易出现差错，生活上得不到照料，学习上自我监督薄弱，绝大多数留守儿童生活散漫，容易在同学中拉帮结派，失意时孤独、自卑，心理障碍加剧。学习成绩下降时，缺乏上进心，容易自暴自弃。因此，外出务工的父母如果在儿童早期就离开，必然会导致儿童心理发展过程中早期亲子关系的缺失。亲子关系的缺失自然地会使儿童处于紧张、不安全的状态之中，这种婴儿期的经验将进一步影响儿童人格的

形成，从而影响这些早期就与父母分离的留守儿童人格的发展。

4. 学校教育因素

留守儿童是一群特殊的群体，留守儿童的心里很脆弱也很敏感，但是很多学校却很少开展关于留守儿童心理健康的活动，当留守儿童心里出现问题的时候，得不到来自于家庭、学校老师的关心和帮助，使得小问题堆积成大问题，严重影响孩子的心理健康。

三、改善留守儿童心理健康教育对策

1. 社会各级部门建立完善的监管体质

对于影响幼儿心理健康的传播途径更加切实可行地进行遏制，让孩子远离那些会影响自身心理健康的不良事物。除此之外，还应对学校、家庭进行监管，形成社会、学校、家庭共育，让孩子健康快乐地成长。

2. 学校应该对留守儿童进行有效的心理健康教育

（1）建立完备的留守儿童心理档案。

心理档案主要包括以下方面的内容：留守儿童个人的爱好特长；身体状况；家庭的经济状况、家庭气氛、家长的教育方式与态度、与父母和监护人的关系；学习成绩、学习态度、学习习惯；思想品德、行为习惯；师生关系、同伴关系；性格类型及特征、气质类型及特征、个性心理及特征、个性心理中有哪些良好或不良的品质等。这样才能随时了解儿童的心理状况，有针对性地进行辅导。

（2）建立和完善寄宿制，让留守儿童在老师、同学群体中健康成长。

政府应吸引多方社会力量的介入，支持在学校建立寄宿制，尽量为双亲在外地或亲友不能有效地提供完整的成长环境的留守儿童提供住宿便利，以唤起其自信，激发学习热情，增强集体归属感，保证他们的安全。

（3）建立“代管家长”制度。

学校可以把留守儿童按比例分配给各个授课老师，由老师担任孩子们的“代管家长”。“代管家长”要对所管孩子进行全方位的照顾，要“管学习”“管生活”“管身体”“管心理”。孩子有了“代管家长”，学习成绩自然可以提高，人也就变得活泼了。

（4）在学校设立“亲情热线”，满足留守儿童感情上的需求。

开设亲情电话，向留守儿童及其家长、监护人或委托监护人，公开校长、班主任和科任教师的电话号码，加强学生、家长、教师三者之间的联系交流，有条件的地方可开设专线电话或电子邮箱。借助“亲情热线”，让外出务工的家长定期与子女通话，随时与班主任取得联系。

3. 加强家庭教育，提高父母及其监护人对于幼儿心理健康的关注

家庭教育对“留守儿童”的身心健康发展起着至关重要的作用。因此，家庭应加强心理健康教育，重视孩子的心理咨询与辅导，及时发现、诊治学生出现的心理问题；充分发挥家庭的凝聚力，让孩子体验到家庭的温暖，让孩子有一个停靠的港湾。

4. 提高“留守儿童”自我调控能力

“留守儿童”自我调控能力的程度对其心理健康发展起着重要的作用。不同的自我体验，不同的自我控制，都会对“留守儿童”的身心健康发展产生不同程度的影响。为了使他们能够与其他儿童一样健康发展，必须培养“留守儿童”的个人素质。

（1）加强“留守儿童”的自我认知能力。

自我认知包括自我观察和自我评价。其中，自我评价是自我调节的重要条件。恰当地认识自我，实事求是地评价自己，是自我调节和人格完善的重要前提。因此，“留守儿童”应该正确地认识自我，看到自己优秀的地方，正确地进行自我评价，进行合理的自我调节，完善自己的人格。

（2）改善“留守儿童”的自我体验。

自我体验能伴随自我评价，激励适当的行为，抑制不适当的行为。因此，“留守儿童”应加强自己的道德修养，用道德的标准来调节自己的行为；增强法制、纪律观念，用纪律来调节自己的行为；学会用愉快的情感体验来驱赶不愉快的情绪，学会自我排解、自我安慰；确保拥有良好的自我体验，制止产生消极的情绪和不良的行为。

（3）加强“留守儿童”的自控能力，提高意志力。

“留守儿童”应正确对待挫折，认真分析挫折原因，不盲目采取情绪化行为，提高自己的耐挫力。

儿童时期是人生发展的最为关键时期。对留守儿童的心理健康教育是一项长期而艰巨的工程，它需要我们不断地探索和总结。留守儿童的世界是五彩斑斓的，他们有憧憬，有梦想。教会他们如何经营自己的人生，实现梦想，给予他们关心、关爱和关怀是父母、老师和社会共同的责任。

（七）幼儿园国画教学探索之我见

中江县人民路幼儿园　冯巧英

中国画是我国的传统艺术，历史悠久，风格独特，具有很高的艺术成就，深爱国内外广大爱好者喜爱。在世界美术领域内自成体系。《幼儿园教育指导纲要》指出幼儿艺术教育要给幼儿“提供自由表现的机会，鼓励幼儿用不同的艺术形式大胆地表达自己的情感、理解和想象，尊重每个幼儿的想法和创造，肯定和接纳他们独特的审美感受和表现方式，分享他们创造的快乐。”从小培养幼儿对本民族艺术的兴趣和爱好是我们教育工作者的责任。国画教学在幼儿园较难开展，这是由于孩子年龄小，对笔墨的运用技巧很难掌握。在我的国画教学中，注重幼儿“观察、体验、发现、想象、创造”的心理发展过程。尊重幼儿，让幼儿自由自在地表现自己的愿望，探索几种教学方式，主要有以下几种方式。

一、在观察中学习，在提高中增长智慧

国画与蜡笔画、水彩画等不同，一瓶墨水一张宣纸就可以产生变化无穷的迹象。刚开设国画课时，我引导幼儿通过玩墨、玩笔让其发现笔的运用如侧画、尖画会产生不同笔迹，墨因其含水量的多少会产生浓墨、焦墨、淡墨等，画出的效果也会不同。先让幼儿对笔、墨、水、纸产生兴趣后再引导幼儿掌握几种国画常用的术语，如运笔有中锋、侧锋、顿笔、散锋等。

（1）掌握运笔的技巧。让孩子首先用墨在报纸上练习体验中锋、侧锋、顿笔的运笔方法，这是学习国画入门的第一课。这一课很重要，我教的每一届国画班，这一堂课是不能少的，只要孩子们对毛笔和运笔掌握好了，才能对以后的教学有所帮助。接着在宣纸上开始练习画树叶，这是国画中侧锋中锋的运用。同时，体验焦墨、浓墨、淡墨画画的不同效果。让孩子对国画产生兴趣，为以后的国画教学做好铺垫。

（2）提高握笔的正确率。握笔姿势的掌握也是国画课不能少的，就在每一节开始作画时，强调要求，并把它编成儿歌教给孩子们。握笔：竖起大拇指、伸出食中指，毛笔笔尖向下面，握住，无名指来顶住。孩子们念完儿歌，笔也握好啦。孩子们在反复的练习中，不仅会握，还会画，一个月过去了，孩子们握笔的方法正确了，绘画技巧也提高了不少。

二、通过不停地练习，促进幼儿创新思维的发展

1. 幼儿通过不停地学习、体验，感知国画的神奇

教幼儿学习国画真的不容易，首先要向他们介绍国画的特点。国画十分重视对本质的表现，讲究形式美，要求画面具有“形神兼备”“气韵生动”的艺术效果。构图不受时间、空间限制，也不受焦点透视的束缚，处理空间具有极大的灵活性。著名画家米罗曾说：“孩子天生就是艺术家。”孩子们画画是用心在描绘生活，画面自然会呈现孩子具有的形、神以及气韵。因此，在选择活动内容时尽量贴进幼儿生活并注重活动的可操作性、启发性。

2. 孩子在每一次操作中探究国画的秘密，发现国画的神奇

我在指导幼儿学习用笔及用墨时，鼓励他们多学习、多观察、多思考，把自己认为最有意思的画法表现出来，并且给幼儿充分的探索时间，允许他们犯错误，鼓励幼儿想一想，换几种方法试一试。让幼儿有活动的自由和信心，大胆地去尝试、创造。如画《金鱼》，先让幼儿观察鱼缸里金鱼的形体特征，以及金鱼的动态，再让幼儿动手画画。具体做法是：首先让孩子自己尝试在宣纸上学画，并把它想象成金鱼，再让他们观察自己和其他小朋友画的有什么地方不一样，自由讨论如何下笔才会好看。接着让孩子在报纸上练习，这时老师再给以适当的提醒如墨色的对比、运笔的方法等，幼儿在老师的指导下愉快地作画。最后让幼儿在宣纸上大胆用色和运笔，充分体现孩子自主创作的兴趣，这样孩子的成品画就出来啦，通过点评达到本次教学的目的。孩子在老师的鼓励、肯定中学习国画，从而为孩子树立创新和探索的勇气，也是教好国画的途径。

三、从临摹中感知国画的魅力，激发幼儿想象的欲望

通过欣赏提高，适当组织孩子观赏大师作画的课件或讲座，以此激发孩子学习国画的兴趣。孩子在欣赏中讨论，在欣赏中提高，在欣赏中提出质疑，最后通过练习达到体验作画的目的。

幼儿教育专家说：通过欣赏培养儿童对艺术的敏感性，同时也对孩子潜在的创造意识有启蒙作用。艺术家说：从小让儿童接触经典，与名家直接对话是一种高起点的美术教学之路。因此，我经常让幼儿欣赏名师作品，了解国画大师们的作画风格及生活小故事。再让幼儿选择自己喜爱的大师的作品直接临摹，让幼儿一下子就开始触摸艺术顶峰的作品。如齐白石、吴作人、徐悲鸿等著名

国画大师。

在临摹的过程中，鼓励幼儿观察作品，想象大师用的是什么样的笔，是如何运笔，画这幅作品的状态如何。然后学习大师作画，通过不断临摹幼儿的国画水平在不知不觉中会获得很大的进步。因为大师的创作是一种童真的心灵表白，可以说幼儿与大师的艺术创作灵感是可以相提并论的。如幼儿在临摹齐白石老爷爷的《群虾》时，我首先向幼儿讲述齐爷爷画虾的故事，再出示群虾范图提问"你看到了什么？""齐爷爷是怎样画出来的？"再让幼儿讨论和评价："你觉得齐爷爷的画好看吗？齐爷爷画画时是怎样用墨的""他画的虾每一只是否都一样呢？""你喜欢他画的画吗？为什么？"最后让幼儿尝试学画虾。孩子在体验、在学习中理解画虾的方法，也是对作品的再次解读。

孩子自由解读临摹教学画。教师首先出示一幅画好的葫芦，让幼儿讨论这幅画的运笔技巧，叶子是侧锋，藤、葫芦上半部是中锋，葫芦下半部先是中锋定型，再是侧锋作色。接着让幼儿尝试画，同时老师巡回解疑指导，画好后相互欣赏。最后，让幼儿在宣纸上作画，这次老师完全可以放手了，孩子笔下的作品会融入自己的元素，他们笔下的葫芦会多姿多彩的，有的大、有的歪、有的长、有的……不管怎样这都是孩子们的画，我们只有站在孩子的角度才能完全解读他们的作品，要不你就只有蹲下去倾听孩子的解读。通过不停的交流和互动，我了解了孩子对国画的理解。

总之，欣赏临摹是孩子学习国画知识的起步，也是走向成功的基础。我教过的孩子在小学国画比赛中多次获奖，也证明了我的教学是成功的。

四、展示幼儿作品，给予肯定评价

为幼儿提供一个平台和空间，展示自己所创造的作品。让幼儿互相欣赏，对比和总结，提高幼儿自信心和保持对国画的兴趣，耐心倾听幼儿对作品的解读。听幼儿心中的语言，了解幼儿在每一个作品中所要表达的意思，不随意下定语"不好""不行""怎么这样？"等。注重幼儿情绪体验，幼儿园课程教育取向是低结构化教学活动，它的特点是活动动机主要是由幼儿产生或生成。因此，教师对幼儿作品的肯定会使幼儿感到他们的想法和做法是值得尊重的、有价值的，可以放心地去做。这也是对下次作品的呈现树立信心，教师是教书人，我们是解读孩子作品的第一人，我们的解读将会对孩子的人生观起到促进作用。

综上所述：我认为国画教学是幼儿教育课程开发的一个新的亮点，我们怎样去开发他、利用它、教导他，怎样形成一整套完整的教学课程体系，将是对幼教人的挑战。我们怎样引导幼儿从传统艺术中去学习、去体验、去创新，是摆在我们面前的又一重任。但我始终相信：开发利用祖国传统艺术是光荣的，责任是重大的。因为艺术是孩子美好心灵的塑造，同时也是孩子发现创新的圣地，所以我们要做好这件事，并为此不断寻求更好的教学途径和方法，让国画的神韵在孩子们的笔下大放光芒，也让老师的国画水平不断提高。做好孩子的国画老师，是我一生的愿望，我会为之不断努力。

（八）浅谈幼儿剪纸兴趣的培养

国培一班一组　刘萍

兴趣是最好的老师，也是永远的、令人受益终身的老师。剪纸是一种流行最广的民间美术之一，如果从幼儿的兴趣出发，增强剪纸活动的趣味性，他们就会主动运用感官去看、去听、去想、去动手，从而积极探索，促进其剪纸潜能得到很好的发展。作为一线的幼儿教师，我们应该怎样培养幼儿的剪纸兴趣呢?

一、创设剪纸氛围，激发幼儿剪纸兴趣

良好的环境是激发幼儿兴趣必不可少的重要因素，幼儿对某一事物的情感往往受周围环境的影响。所以，我们非常注重创设环境，为了让幼儿在安静、明亮、充满艺术色彩的环境中专心剪纸，为了让幼儿对剪纸有更深入的了解，我们班内布置了很多的剪纸墙，介绍了“剪纸工具”“剪纸的种类”“剪纸历史”等，让幼儿感受优秀民间传统文化的不朽魅力。除此之外，我们还在班里设立了剪纸区角，让幼儿可以随时剪纸。在剪纸区里除了为幼儿提供各种蜡光纸、白纸、剪刀、糨糊等必备材料外，还为幼儿准备了范例作品、半成品：如废旧的画报图案、随意装饰剪的窗花，还有对折剪对称的植物、动物的作品以及对称图形的设计等较复杂的动物、人物、多折剪纸以及组合剪纸等，以满足不同水平幼儿的需要。

为了让幼儿有目的有意识地剪纸，在平时组织剪纸活动时，就给幼儿提出明确、具体的活动规则：不大声喧哗、不乱扔纸屑、轻拿轻放、剪完后将材料放回原处、作品放在作业袋里……以培养幼儿良好的剪纸习惯。

二、多种教学方法激发幼儿参与剪纸活动的兴趣

1. 应用多媒体课件，激发幼儿参与剪纸活动的兴趣

平日里孩子们最喜欢看动画片了，因此，我们就将民间艺术大师们的剪纸作品通过多媒体课件放映给孩子们看，看着一张张作品在这些大师手中就像变魔术一样，成了一个个形象鲜明的艺术形象，他们产生了浓厚的兴趣，有了强烈的需要。有几个孩子一直跟着我问："老师你会吗？你教我们好吗？"在孩子强烈的要求下，我当场表演了，剪了几种简单的窗花贴在窗户上，让孩子们欣赏。孩子们无比羡慕，个个跃跃欲试。我就顺势教他们如何折叠纸张剪窗花的技法。他们个个学得很认真，并在不断操作中发现了折叠层次越多剪出的窗花就越漂亮。就这样，他们越剪越好，兴趣也越来越高。

2. 将剪纸活动渗透于游戏中，激发幼儿参与剪纸活动的兴趣

游戏是幼儿生活中不可缺少的重要组成部分，是幼儿非常喜爱的一种活动，在游戏中幼儿不仅能充分体验到自由和愉悦，它还是幼儿学习交往、认识自己、巩固知识的有效途径。将剪纸活动贯穿在游戏中把成人对幼儿的要求变成游戏中的要求和规则，幼儿则更容易接受。例如在小班剪纸活动"小牛的食物"中，我先组织幼儿到草地上玩，和小草亲密接触，以此来观察小草的色彩、外形，然后我以小牛的口吻简洁明了地向幼儿提出要求"我肚子饿了，想请小朋友帮我剪些草请我吃"，孩子们兴趣高涨，动起手来。在剪纸过程中我紧紧围绕情景表演向幼儿提出要求"如果小草长得好，长得多就一定会有许多小牛来和你交朋友的"这样孩子的积极性就特别地高，并且在轻松愉快的玩乐中达到了练习剪纸的目的，初步加深了幼儿对剪纸活动的兴趣。

3. 先易后难，教授方法，激发幼儿参与剪纸活动的兴趣

幼儿进行剪纸活动，需要掌握剪纸的基本技能。他们动手能力有强有弱，为了更好地促进每个幼儿的进步，我们设置了阶梯式的教育计划。

第一阶段，撕纸剪纸结合阶段。这主要针对 2 ~ 2.5 岁的幼儿，因为受到腕关节骨骼及手指小肌肉群发展的制约，他们大多不能很好地驾驭自己的小手，这样使用剪刀的危险性就大大增加了，怎样既让幼儿的小手逐步变得灵巧又减少剪刀的危险性呢？我们采取的撕纸、剪纸结合的方法，即每一个教学内容都让幼儿先学习徒手撕，能较形象地撕出物体轮廓后，再学习用剪刀剪出边缘光滑的物体，这样一来，年龄大的幼儿可以用剪的方式表现物体，而不能较好运用剪刀的稍小的幼儿也能用手撕出轮廓，一样的感受，成功的喜悦。

家是孩子建立生活经验的地方，家给孩子温暖与安全，赐予孩子探索外面世界的力量。通过自制图书“我的家”“我的家人”活动介绍自己的家及家人，给幼儿看一看自己出生落地后的生长照片。画面上记录了双亲的关心和抚爱。请幼儿说说爸爸妈妈是怎样照顾自己的，怎样关心自己的，从而“分享爱”，分享家里的点点滴滴，孩子会更了解自己和自己的家人，从而感受爸爸妈妈的爱。也可以进一步分享别人的家庭生活，在互动中引领孩子一步步脱离自我中心、走入社会。唤起幼儿感激、热爱、尊敬他们的情感，教育幼儿学习他们真诚地关心、爱护，帮助他人的优良品质。

二、成人做好榜样

俗话说：言传身教，榜样的力量是无穷的，也是最有效的。有成人的实际行动让孩子从旁观的角度去感悟：“关爱他人”既是一种幸福，也是一种责任。爱是一种传承，爱是一种发展。只有当孩子深切地感受到关爱他人行为的意义，才会在他的心中产生爱他人的力量。

要培养幼儿的爱心，教师要用自己的爱心和同情心感染幼儿。同时，要转变家长的观念，提升家长的教育理念。注意做好榜样，双亲在关心幼儿的吃、穿、用、玩具、健康的同时，还应在幼儿与小朋友交往中特别细心地观察孩子内心世界的变化，满足他们正当的兴趣爱好，尊重他们，使幼儿产生对双亲乃至他人的敬爱及模仿的情感。家庭成员之间要互相关心。充满温情的家庭氛围对培养孩子的爱心起着潜移默化的作用。父母间经常争吵、谩骂甚至打闹，孩子时常处在恐惧、忧郁、仇视的环境里，又如何要求他去关心别人呢？所以家庭成员之间要互相关心，特别是夫妻之间要恩爱、相互体贴。在自制图书活动中，介绍家的位置、路线、外观、内部结构、摆设，介绍家人等都需要家长和孩子一起照相、粘贴、绘画、记录文字等，需要孩子与家人共同完成，这就增进了亲子之间的关系。在一本本自制的图书里，融入了家长们对孩子满满的爱，同样孩子也会感受到家人之间的关爱。

三、在教学活动中利用自制图书让孩子把对家人的感谢说出来

感恩教育，重在启蒙，培养幼儿的感恩之心，体验爱与被爱的幸福。我们要利用一切时机在孩子们的心灵中埋下爱的种子，让孩子们学会关爱别人，学会回报，懂得孝敬，懂得父母的良苦用心，更懂得珍惜这难得的真情！这是我

们老师的义务，更是全社会的责任。自制图书《心心相印》，请家长把幼儿想说的话记录下来，再在卡片的另一面写上家长想对孩子说的话，然后带回幼儿园来制成图书与大家分享。请幼儿把要给家人说的话在家人、老师和小朋友面前说出来，不但增进了亲子感情，而且还激发幼儿关爱家人的情感。孩子们对爸爸妈妈说的话语里充满了纯真可爱，家长们对孩子们说的话语质朴真挚，包含着浓浓的深情爱意，这对孩子和家长而言是一次很好的学习和交流的机会，是对他们爱的教育，感恩的教育。

四、利用自制图书教育孩子用行动感谢家人，关爱家人

让孩子做一些力所能及的事。不要让孩子养成衣来伸手、饭来张口的坏习惯，只有勤快的孩子才会懂事，知道关心体贴别人，一般情况下，勤快是培养出来的，所以家长要树立这种观念，并付诸行动。要循序渐进地教会孩子做一些力所能及的事，大胆放手地让孩子做一些力所能及的事。自制图书《谢谢爸爸妈妈》就是让孩子用行动做一些力所能及的事，感谢家人，关爱家人。在自制图书活动中，幼儿先讨论应该怎样做来表达对爸爸妈妈的感谢，感受父母和子女之间的亲情。孩子们说了好多感谢父母的方法，如：给爸爸妈妈端凳子，请妈妈坐，给妈妈捶背，给爸爸妈妈倒水，听爸爸妈妈的话，帮妈妈扫地，给爸爸妈妈送苹果吃，给爸爸妈妈拿拖鞋、拿衣架，给爸爸妈妈做好多事情，给爸爸妈妈送礼物……然后引导幼儿把自己想说的话、想做的事画出来，再把幼儿画的画装订成书，最后相互交流再次强化情感培养。这次活动后，家长反映孩子在家里给每个人都捶背了，孩子在家会主动帮忙做事情了，还会主动给爸爸妈妈拿拖鞋，倒水。

五、利用自制图书为幼儿创设良好的交往条件，在活动中增强幼儿的相互交往和互相帮助，培养幼儿从关爱家人到关爱他人的情感

培养幼儿关爱家人不是单方面的 ，在自制图书的阅读交流中，幼儿经过无数次碰壁，会自己获得一些与人交际的方法，从而促使他们学会关心别人，因为只有这样才能在生活中获得其他小伙伴的认可。能关爱别人的人，在日常生活中必定也会获得他人的关爱，从而教会幼儿关爱他人。其实这也是成人送给孩子的最好的礼物，这件礼物不但能促使孩子得到他人的认可，还能促使幼儿人格的健康发展。平时我把孩子们自制的图书放在图书区，他们很感兴趣，自己翻看得津津有味，有的抱着书很骄傲地说“这是我的书，是我爸爸做的。”有

的还主动给好朋友介绍自己的书里面的内容，好像这是从他家里带来的东西，特别值得骄傲，特别珍惜。

在自制图书的内容中常出现幼儿与家人、幼儿与老师、幼儿与同伴的温馨对话，生动再现了幼儿对家人、同伴、老师的爱，使其通过自制图书的形式表达心中美好纯真的情感。教无定法，贵在用心。只要老师善于发掘身边种种的教育资源，运用丰富多样的教育方式。我们将在教学中不断地探索，找出更多更好的培养幼儿关爱他人的情感的方法和途径。

（十）园本教研促进教师专业共同发展的策略

什邡市第二幼儿园　张弘

《国家中长期教育改革和发展规划纲要（2010—2020年）》第十七章 “加强教师队伍建设”中提道“努力造就一支师德高尚、业务精湛、结构合理、充满活力的高素质专业化教师队伍”。为达到这样的要求，我园在提高教师业务水平、促进幼儿教师专业发展方面狠下功夫，对教师队伍结构作了深入分析并针对出现的问题采取了对应的策略。

一、深入分析，明确教师队伍实际水准

1. 年轻的转岗教师

近几年，有部分中小学教师充实到我园。她们毕业于一般师范院校，有其自身的优势：年轻，精力充沛，有强烈的进取心，在教学工作中总结、概况能力较强。由于她们转岗前没有接受系统的岗前培训，到园以后就存在着以下问题：对《幼儿园教育指导纲要》学习不足，对幼儿的身心发展规律不是很了解；不熟悉各科教学法，不能有效地组织幼儿一日教育教学活动；艺术方面的教学能力相对较弱。

2. 骨干教师

骨干教师的专业技能基本功较扎实，有一定的教研能力，但其专业发展定位还不够明确，要在园内发挥引领作用、成为研究型的教师还有一定的差距。

3. 中老年教师

这部分教师年龄通常在40岁以上，学前教育专业毕业，在园工作时间长，

有丰富的教育教学经验。但存在不同层次的职业倦怠感，如：感觉自己年龄一天天大了，对幼儿园的很多活动不愿参与，害怕自己影响了年轻教师的发展，不愿超越自我，教育观念较陈旧。

二、促进教师专业共同发展的有效策略

通过对我园教师队伍的分析，我们认为本园教师队伍专业共同发展和成长，是我们目前亟须解决的问题，为解决这一问题我们在园本教研中采取了以下策略：

1.“重组”“还原”两步走，营造相互尊重、相互信任的教研氛围，促进教师专业共同发展

考虑到幼儿园日程安排，每次教研活动都分两组人员进行，每一组人员由老教师、骨干教师、年轻的转岗教师组成。每次教研讨论活动，总是老教师、骨干教师发言，说活动的流程、优缺点等，年轻的转岗教师当起了“收音机”，有口难张，害怕自己说错或问出一些所谓的“低级问题”让“老教师、骨干教师”们笑话，她们不敢开口，不敢发问，一段时间下来年轻的转岗教师有不被尊重、不被信任的感觉，这样的教研氛围是不利于教师专业发展的。

针对这一情况我园设计了两步走的改进方式：首先我们把教研活动人员“重组”，让老教师、骨干教师一组，年轻的转岗教师一组，采取分层教研方式，找准每个层次需要解决的问题，充分调动每个层面老师的积极性。老教师、骨干教师在教研活动中重点设在“研”字上，他们通过“材料投放的顺序”“提问设计如何体现幼儿主体性”“如何在歌唱教学活动中有效引导幼儿理解和记忆歌词”等教研主题，进行了相互学习、探讨，使每次的教研主题越来越明确，总在一个“点”上深挖，学会了对问题的追问。年轻的转岗教师重点需解决的问题有“如何有效组织幼儿一日活动”“活动的设计与活动的组织应注意的问题”，在教研活动中要求他们说出自己的建议，提出问题、分析问题、解决问题。由于学习经验在一个层面上，年轻的转岗教师也越来越愿意发言，解决了“口难开”“不善思考”等问题。一学期以后，我们走第二步，把老师们“还原”，让她回到原来的教研活动组，这次我们把每一次教研主题提前一周告知老师，请她们总结紧扣教研主题的经验，查找解决教研主题问题的方法，或者提出问题到教研活动中来分享、研讨，这样让每一个老师都有准备，都有自己的观点。由于有前期准备，活动中老师们都积极发言，注意尊重她人观点，对每个人的发言给予积极回应，同时“老教师、骨干教师”与“年轻的转岗”相互进行思维的碰撞，达到了“资源共享”。这样，通过“重组”“还原”两步走，实现了

优势互补共同提高的目的，营造了相互尊重、相互信任的教研氛围，促进了教师专业共同发展。

2. 形成“教师专业共同体”，促进教师专业共同发展

我园以前往往关注“骨干教师”“优秀教师”的培养，把很多学习机会让给他们，在园对全体教师的学习安排，一般采取分阶段、分层次培养手段，通过实践表明，这些“骨干教师”“优秀教师”是无法保障每位幼儿的健康发展的，只有全体教师共同成长，才能有效实施《3-6 岁儿童学习与发展指南》，促进幼儿身心全面和谐发展。因此，我园决定采取“教师专业共同体”的培养手段来促进教师专业共同发展。“教师专业共同体”旨在各成员将自身的知识与智慧集中在一起，开放课堂接受来自其他同伴的意见和反馈，通过合作学习、实践—反思学习将这些能力内化为自身的行为习惯，提供经验交流的平台，让每一位成员都能感受到互帮互助的温暖。

我园年轻的转岗教师达标课例研究活动和骨干教师的示范课例研究活动以团队形式开展，团队成员要求全程参与，要求在“假如我来组织这个活动，我会如何进行”的思想指导下进行合作探究，一起讨论怎样设计、组织好教学活动，从中吸取好的意见和创意。成员之间相互协作、支持，以获得共同发展。如：课例研究活动中，我们在骨干教师权艳执教的大班语言活动“老鼠嫁女儿”（民谣）中得出教研结论，“有效提问设计”要注意以下几点：① 根据幼儿的兴趣点提问，发散性提问后老师要善于回应（善于梳理提升）、有效回应（对于孩子的回答老师善于提升并抛出新问题）。② 抛出问题后给孩子留出足够的时间思考再回答，老师不要急于给出答案。③ 提问设计要注意逻辑性，要体现价值，为目标服务。④ 提问设计要结合生活实际。⑤ 提问设计要注意了解孩子现有的发展水平，事先估计。⑥ 提问设计要注意语言清晰、准确以及语气、语速等（突出重点）。⑦ 提问设计要深挖教材。⑧ 提问设计要有挑战性。通过年轻的转岗教师达标课例研究活动和骨干教师的示范课例研究活动的开展，形成“教师专业共同体”，促进了教师专业共同发展。

“一帮一”和“拜师傅，结对子”的策略“形成教师发展共同体”，促进教师专业共同发展。即我园每一位幼儿园高级教师与年轻的转岗教师结对子、拜师傅，目标一致，共同努力促进教师专业共同发展。

3. 尊重教师个体差异，促进教师专业共同发展

每一个人都不是完美的，是人就有个体差异，教育中我们强调尊重幼儿发展的个体差异，对于同样存在个体差异的教师群体，我们却常常用一把“尺子”去衡量，一般只设“公开课活动”“× × ×技能比赛”等能力比赛，认为拿到这

些证书的老师就是好老师。同时，由于他们有一系列的个人成绩，在评职、评优中也获占优势，这样的做法无意中就伤害了部分老师的自尊心，不利于促进教师专业共同发展。

日本心理学家山口彰经过多年的研究提出一个新的公式，即优点的延伸加优点的扩展，也就是积极加积极，这样等于双重的效果。为此，我园专门于每月开展了展示全面才华的“经验交流会”，内容自选，建议老师正确看待自己，分析自己，结合自身优势在会上交流。会上老师结合自己的优势，有的说常规方面，有的说反思方面，有的说老师的爱心方面，有的说中班数学活动开展方面，有的说家长工作方面，等等。在交流的过程中不仅学习了他人的经验和先进理念，同时更加清晰地认识到自己的优势和劣势，促进了教师专业共同发展。

几年来，我园在园本教研活动中采取有效的策略、措施，对不同类型、不同层次的教师进行培训、指导、交流，教师整体业务水平、专业技能得到了极大提升，有效地促进了教师专业共同发展。

（十一）点滴细微处 犹然用精心
——浅谈科学管理幼儿日常生活的策略

什邡市第二幼儿园 胡蓉

幼儿期是人一生中发展最迅速的时期，在这一期间幼儿有大部分时间是在幼儿园里度过的，因此，幼儿园的日常生活对孩子有着非常重要的影响。在日常生活的各个环节中，幼儿必然会受到潜移默化的影响和熏陶，养成影响一生的行为习惯。那么，教师应该如何科学地组织一日生活的各环节，对幼儿进行有效的管理，促进幼儿的健康成长呢?

《幼儿园教育指导纲要》中指出教师要“科学安排、合理组织幼儿一日生活中的各项活动，寓教于一日生活之中，发挥一日生活的整体教育功能。”经过多年的教育工作实践，我积累了一些科学有效的组织、管理幼儿一日生活的经验，希望与同行共同分享和探讨。

一、教师以“积分”方式评选班上值日生，实现值日生的激励价值，发挥值日生的协助管理职能

评选值日生的工作一般是从幼儿园中班开始的，这一任务对于培养幼儿的

责任心、组织能力、表达能力、与人协商能力等有很好的促进作用，但是如何评选才是有效和合理的呢？按顺序轮流负责会失去值日生的激励价值，影响幼儿的积极性；教师指定又会让幼儿认为有失公平；幼儿推荐又会存在幼儿主观、片面的情况。在工作实践中，我摸索出“积分评选的方式”，从而调动了幼儿争当值日生的积极性，并具有客观性和公平性，使值日生的工作有效、顺利地开展。“积分评选法”的具体做法是：在幼儿来园后直至教学活动前（评选值日生时），教师对幼儿在日常生活环节（自由游戏、如厕、排队、早操等）中的良好表现进行点滴记录——可在幼儿手心里点小点或者用其他方便简单的记录方式，最后“积分”最高的幼儿当选为值日生。这一策略在日常工作中非常有效，深为幼儿所喜欢，并对日常活动的其他环节产生良好的推动作用。另外，设立值日生记录表，对幼儿当值日生的次数进行记录，也便于教师了解幼儿当任值日生的次数，更好地进行管理。

二、教师以游戏形式组织日常生活的过渡环节能轻松、有效地建立良好常规

爱玩游戏是孩子的天性，教师在组织日常生活的各个环节（包括如厕、洗手、进餐、睡眠等）中，运用游戏的方式会使各项活动轻松、顺利而有效地开展。比如，在组织幼儿排队如厕时，为了让幼儿迅速安静排好队，教师可以以“猫妈妈唤小猫”的游戏方式进行，幼儿被游戏情境吸引后很快就会排好队；在带领幼儿行走时以模仿小猫走路的方法也会让幼儿非常乐意安静地、有序地行走。所以，教师采用适宜的游戏方式会使班级日常管理和组织更加轻松有效。在工作中，教师可根据本班幼儿的年龄特点、实际情况等灵活选择各种游戏来组织日常生活的过渡环节。一般来说，小班幼儿因具体形象思维占优势，游戏可多选择情景化、模仿性强的，如“小鸟飞”“开飞机”“搭火车”等，而大班幼儿则更适合具有规则性、比赛性的游戏，如“红绿灯”“熊和石头人”等。

三、教师在最初建立各项常规时应让幼儿明确常规要求，在具体实施过程中要持之以恒，使幼儿逐渐将各种良好的习惯内化

《幼儿园教育指导纲要》中明确指出教师要“科学、合理地安排和组织一日生活，使幼儿逐步形成文明的生活方式，促进幼儿健康成长”，并要求“从实际出发建立必要的、合理的生活常规……并坚持执行。”教师在根据本班幼儿实际情况精心制定日常生活的各项常规后，应向幼儿说明要求的原因和意义，让幼儿理解和接受，在常规要求具体实施过程中，教师要持之以恒，不可“一曝十

寒”“朝令夕改”，要以耐心和信心去逐步培养幼儿的良好习惯。四川教育出版社出版的《幼儿习惯养成训练》一书中指出良好习惯的训练“必须长期坚持（至少需要 21 天），随着次数（量）的增加，终有一天就会发生质变，也就是养成了好的习惯。”这就说明孩子习惯的养成是需要长期坚持的。另外，常规要求也不是一成不变的，教师要随着幼儿的成长变化适当地进行调整和增删，让常规要求更适合幼儿成长的需要。

幼儿园日常生活的各环节看似细微和简单，却是教育的契机所在，教师若能在“点滴细微处，犹然用精心”，采取科学的管理方式，必定会使幼儿受益，使班级一日生活的各项工作得以顺利有效地展开。

（十二）浅谈如何提高幼儿谈话活动的有效性

什邡一幼　张志坚

语言是人类思维和交际的工具。一个人的道德修养、文化水平、社会身份往往可以从他说话的用词、语调、语气中看出，往往这些都是注重早期语言教育的结果。3～6 岁是语言发展的一个非常重要和关键的时期，利用好这一时期，培养孩子将自己的想法表达出来的主动意识，锻炼孩子在外人面前表述自己的能力，这样在以后的集体生活中孩子就会增强自信，减少恐惧、羞怯感。因此，提高幼儿的语言表达能力是幼儿园教育工作者的一项艰巨的任务。怎样去培养幼儿的语言表达能力呢？我认为“谈话活动”无疑是一个不错的载体。

《幼儿园教育指导纲要》指出幼儿园语言教育目标：一是乐意与人交谈，讲话有礼貌；二是注意倾听对方讲话，能理解日常用语；三是能清楚地说出自己想说的事。幼儿园集体谈话活动在引导幼儿交流感受与经验，分享成功与快乐的同时，让幼儿有了更多倾听与表达的机会，因而备受教师的关注。但在现实工作中，由于教师认识或组织有所偏颇，常使谈话活动陷入“冷场”和教师“唱独角戏”的尴尬境地。

如何组织一个幼儿敢说、可说、愿说、会说的谈话活动呢？我想，应该从以下几个方面入手：

一、创设宽松氛围，让幼儿“有话敢说”

良好的师生关系和亲密的同伴关系是促进幼儿沟通交流的前提，民主、宽松、愉快的活动氛围是谈话活动的有效保证。教师应真诚平等地同孩子交流，耐心倾听幼儿的每一句话，不断鼓励、支持幼儿，做幼儿的朋友，努力营造宽松氛围。幼儿在民主、友爱的氛围中无压力、无拘束，自然就“有话敢说”。

班上常有个别幼儿性格内向、不善言辞，这都是因为孩子没有足够的自信。于是，我设计了游戏活动，鼓励幼儿在集体面前多说、多表演。如《猜猜他是谁》，我让幼儿围着老师坐成一个圆圈，请一个幼儿用语言描述出好朋友的外貌及衣着特征，然后请其他孩子根据他的描述来猜出是谁。孩子们的兴致可高了，就连平时最胆小的魏小炜小朋友也勇敢地举起了小手，我立即带头鼓掌，看到他那略带羞怯的笑容，我知道“信心之花”已在他的心中悄然开放！在谈话活动“秋天的水果”里，我用击鼓传花的形式，让幼儿说说自己喜欢的水果是什么？它是什么形状？什么颜色？什么味道？因为有了游戏的伴随，气氛活跃了，幼儿的信心也足了。孩子们畅所欲言，谈得热火朝天，词汇也由此丰富了许多。黄钟睿小朋友说：“我喜欢吃秋天的苹果，苹果红红的，味道香香的。”蒋立昆小朋友说：“我喜欢吃香蕉，甜甜的、黄黄的，像弯弯的月亮一样。”曾美佳小朋友说：“我喜欢吃梨子，脆脆的，甜甜的，一口咬下去甜水就流下来了，把我的衣服都打湿了呢。”……由此，我经常利用幼儿的一日生活各环节，大胆采用各种游戏形式来增强幼儿谈话的自信心。

二、丰富知识经验，让幼儿“有话可说”

丰富的生活内容与经验是幼儿语言表达的源泉与基础。只有具备了丰富的生活经验与体验，幼儿才会有话可说。教师应有意识地引导幼儿学会观察，帮助他们积累经验。大自然中的一草一木，生活中的每一次经历、每一次体验都可以成为幼儿积累的内容，都可以引发为谈话的话题。这学期我带中班幼儿，从一开学，我就发现班上很多孩子经过一年小班的学习，口语表达能力都有了很大的提高，中班的孩子已有了交往的欲望，他们渴望和同伴、老师一起说说话，彼此增进感情、增加了解。为了了解孩子们的家庭生活情况并提高他们的谈话能力，我和孩子们轻轻松松地围坐成一个大圆圈，没有任何图片的“视觉干扰”，也没有任何鲜艳教具的“美感享受”，就这样随机地对小朋友说：“小朋友，你们喜欢放假吗？”“为什么喜欢呢？你的假期是怎样度过的？”可想而知，孩子们都爱放假，他们个个都举起了小手，争着回答。为了满足孩子们的发言欲望，我就让他们先把“假期里最高兴的一件事”说给好朋友听，然后再集中、个别交谈。这个话题既新颖又熟悉，不仅能提高幼儿对谈话活动的兴趣，还能让老师了解幼儿丰富多彩的假期生活。例如：何若水小朋友说："假期里妈妈带我到拉萨去看当解放军的爸爸，爸爸那儿有好多当兵的叔叔，他们都有枪呢！是真正的枪。"阳阳说："放假时爸爸妈妈带我去了海洋世界，我看见了大鲨鱼、北极熊，还看了海豚表演，它会用头来顶皮球，可好玩了……"廖姿灿小朋友说："我爸爸开车带我和妈妈去草原骑了大马，草原可大了，连边都没有，地上还开满了五颜六色的小花，可漂亮了！"其他的孩子都被他们的讲述给吸引住了，聚精会神地听着，比听老师讲还专心。由此及彼，我设计了很多幼儿常常能接触的话题，来和孩子们共同交谈，比如"你最喜欢谁，为什么？""说说我的好朋友""夸夸我的好妈妈"，等等。

三、关注幼儿的兴趣点，让幼儿"有话愿说"

幼儿对于自己感兴趣的事情更乐意去交谈和探索，老师应随时关注幼儿的活动，捕捉幼儿的兴趣点，抓住各种表达的机会，鼓励幼儿表达自己的感受。当然，孩子的兴趣是多变的，热点话题也有一定的时效性，这就要求我们老师做个有心人，及时引发新的话题 。

幼儿对于自己的玩具、用具都比较熟悉，每次有小朋友带来一样新玩具，都能引起全班幼儿的关注。发现这种情况后，我总是随机地让幼儿介绍自己玩具的名称、玩法及可爱之处。例如：有一天，董珮蕖小朋友带来了一样比较新颖的玩具，在地上表演起来非常精彩。我立刻招呼所有的小朋友都围在他的身边，请他介绍新玩具。董珮蕖说："我带来的玩具叫海狮顶球，要放四节电池才能玩，它能翻跟斗，还能跑步呢！"为了证实他所说的话，我让其他幼儿都仔细观察玩具的动态，果真如此，孩子们高兴地拍起了小手。另一次，做完早操后，一件背心没有人来认领，这说明幼儿对自己的物品的认识度不高，记不清自己物品的特征。于是，我利用晨间谈话的时间，组织幼儿谈一谈"我的物品"，除了要讲清自己衣服、裤子上的图案、颜色，还要讲清楚脱下来的衣服该怎么收拾。这样一来，孩子们的兴致又被点燃了，个个都夸自己的衣服漂亮。方涵菱说："我的衣服是红色的，上面有两只小鸭子。"严煌熠说："我的衣服是带拉链的，上面还有一个帽子。"李铭昊说："我的衣服和裤子是一套的，上面还有小熊。"这样，既让幼儿记住了自己衣服的特征，也锻炼了孩子的语言表达能力，真可谓一举两得。

所以说，我们认为对于孩子来说好习惯的养成是一个需要成人共同努力的过程。帮助孩子养成良好的卫生习惯，是老师和父母重要的责任之一。为了孩子有一个美好的未来，必须改掉他们身上一些不好的习惯，虽然有困难，但是，我们必须要做，家园共育是农村幼儿园培养幼儿良好卫生习惯的有效途径之一。

越来越多的家长已经认识到养成教育对孩子的重要性。但老师也有苦恼，当教师精心打造的养成教育在幼儿园初见成效时，家庭这一环节却常常暴露出漏洞——往往几个月培养形成的好习惯，在家里几天就化为乌有，又需要一段时间的培养和适应才行。

养成教育最重要的，就是教育的一致性，而在幼儿园表现良好的孩子，从家里回来后，往往又故态复萌，这都是家庭与幼儿园的教育不一致造成的。因为孩子到了家里以后，往往又变成了小皇帝、小公主，家长尽心照顾，让孩子衣来伸手饭来张口，在幼儿园里养成的良好习惯也不再坚持。

改变孩子，还要逐步地改变家长的教育观念，这就是养成教育面临的双重现实问题。教育的成败贵在坚持。我们希望所有的家长认识到，培育孩子良好的习惯，需要时间，需要原则，需要耐心，更需要持之以恒。父母是孩子的第一任老师，幼儿良好卫生习惯的形成在很大程度上取决于家庭教育。家庭教育与幼儿园教育只有相互配合、相互补充，才能取得最佳的教育效果，反之就事倍功半。在培养幼儿良好卫生习惯的过程中，我们可采取下列几种方法，家庭与幼儿园共同努力，逐步使幼儿养成良好的卫生习惯。

1. 家教园地

我们通过开设一些栏目向家长介绍一些教育信息和教育子女的科学方法，使家长了解、掌握幼儿园卫生习惯的具体内容，不同阶段的不同要求，更好地配合教师做好教育工作。从而实现家园携手，共同培养起幼儿良好的卫生习惯，搭建家园一体化教育的桥梁。

2. 家长开放日

我们每年邀请家长来园参加两次的家长开放日活动。第一学期我们以六一亲子游艺活动为主，第二学期我们以亲子运动会的形式来进行开放日活动。让家长观摩幼儿在园的日常活动，并参与到游戏活动之中，创设一个宽松的相互交流育儿经验的氛围，让家长不仅了解了幼儿教师的工作，还能配合幼儿园对幼儿的教育工作。

3. 家长学校

新学期初，我们召开新生入园家长会，让家长了解到我园的一些基本情况，并初步了解到家园合力培养幼儿形成良好卫生习惯的重要性。根据大班年龄段的需要，我们每年还会举行关于幼儿养成良好卫生习惯方面的讲座活动，邀请家长共同参与，从而更好地完成幼儿的养成教育工作。

4. 加强个体指导，帮助孩子克服心理障碍，矫正不良习惯

由于个性心理、家庭环境等因素的影响，幼儿在学习情感、行为方式上也会存在很多差异。因此，在面向全体幼儿的同时，必须加强对幼儿的个别指导，及时帮助一些幼儿矫正不良行为，防止不良行为演变成不良习惯。

5. 加强教师队伍建设，形成师表群体形象

幼儿良好的卫生习惯主要是在学校里养成，从教书育人的目的出发，教师必须以身作则、为人师表、言传身教，以身教为重点，提高自身的素养，注重良好卫生习惯、行为举止习惯对幼儿潜移默化的作用，用教师的人格力量和群体感染力、约束力影响和鞭策幼儿，成为幼儿的楷模，收到训练和熏陶的实效。

由于我园的留守幼儿比较多，在今后培养幼儿良好卫生习惯的实施中家长资源的发挥还可以再挖掘。让我园的家长更好地发挥他们的特长，融入到我园的课程实施中来。我园的教师们的经验不足，加上园内条件有限，难免有不足，尤其是对一些较特别、家庭教育欠缺的孩子仍有力不从心的感觉，幼儿良好卫生习惯的培养真是一个比较费劲的问题，虽然我们暂时取得了一点成果，但是还没有彻底地让一些孩子在无人督促状态下自觉形成习惯，所以我们将继续进行农村幼儿园家园共育这方面的探究。

（十四）幼儿健康领域动作发展与户外体育活动的探究

什邡市第四幼儿园　张和波

为了全面贯彻和落实《3-6 岁儿童学习与发展指南》中关于健康活动中幼儿动作能力发展的目标，发展幼儿的动作与体能，使其形成基本的运动素质，并要求在新理念的指导下，实施新型的、科学性的户外体育活动教育，我园科研小组特申报了“挖掘乡土资源，提升幼儿体育活动质量园本课程研究”的课题。目的是以户外体育活动为载体，通过挖掘乡土资源，整理、搜集、探索出适合我园的体育活动园本课程，从而提升我园幼儿体育活动的质量。我们以《3-6 岁儿童学习与发展指南》中幼儿健康教育中动作发展目标 1 和目标 2 为依据，对全园小、中、大年龄班部分幼儿动作发展的情况进行调查，了解我园幼儿户外

活动能力的发展水平，发现我园户外体育活动现存问题和薄弱环节，为以后科研工作的顺利开展提供事实依据。

一、各年龄段幼儿的动作发展情况的分析

1. 小班幼儿动作能力发展测试结果分析表

项目	具体项目	幼儿发展情况
目标 1 具有一定的平衡能力，动作协调、灵敏	能沿地面直线或者较窄的低矮物体上走一段距离	83.72%的幼儿能沿地面直线或者较窄的低矮物体上走一段距离，只有 16.28%的幼儿不太平稳而已
	能双脚灵活交替上下楼梯	79.06%的幼儿能双脚灵活交替上下楼梯，有 20.93%的幼儿下楼速度缓慢
	能身体平衡稳定地双脚连续向前跳	95.34%的幼儿能身体平衡稳定地双脚连续向前跳
	分散跑时能躲避他人的碰撞	93.2%的幼儿分散跑时能躲避他人的碰撞
	能双手向上抛球	81.39%的幼儿能双手向上抛球
目标 2 具有一定的力量和耐力	能双手抓杠悬空吊起 10 秒左右	97.67%的幼儿能双手抓杠悬空吊起 10 秒左右，20%的幼儿甚至能悬空吊起 20 秒左右
	能单手将沙包向前投掷 2 米左右	90.69%的幼儿能单手将沙包向前投掷 2 米左右
	能单脚连续向前跳 2 米左右	46.51%的幼儿能单脚连续向前跳 2 米左右
	能快跑 15 米左右	97.67%的幼儿能快跑 15 米左右
	能行走 1 公里左右（途中可适当停歇）	88.37%的幼儿能行走 1 公里左右，60%的幼儿途中歇息 1 次，40%的幼儿途中歇息 2 次

从测试结果可以看出，我园小班幼儿目标 1 达标率良好，幼儿具有一定的平衡能力，动作协调、灵敏。目标 2 中单脚连续向前跳 2 米左右项目达标率仅 46.51%，其他耐力和力量的训练均达标，在今后的教学中应加强单脚连续向前跳项目的训练。

2. 中班幼儿动作能力发展测试结果分析表

项目	具体项目	幼儿发展情况
目标1 具有一定的平衡能力，动作协调、灵敏	能在较窄的低矮物体上平稳地走一段距离	90.9%的幼儿能在较窄的低矮物体上平稳地走一段距离
	能以匍匐、膝盖悬空等多种方式钻爬	95.45%的幼儿能以匍匐、膝盖悬空等多种方式钻爬
	能助跑、跨跳过一定距离，或助跑跨跳过一定高度的物体	88.64%的幼儿能助跑、跨跳过一定距离和一定高度的物体
	能与他人玩追逐、躲闪跑的游戏	93.18%的幼儿能与他人玩追逐、躲闪跑的游戏
	能连续自抛自接球	86.36%的幼儿能连续自抛自接球
目标2 具有一定的力量和耐力	能双手抓杠悬空吊起 15 秒左右	90.9%的幼儿能双手抓杠悬空吊起15秒左右，20%的幼儿甚至能吊 30 秒
	能单手将沙包向前投掷4米左右	52.27%的幼儿能单手将沙包向前投掷 4 米左右，40%的幼儿只能投到 3 米
	能单脚连续向前跳 5 米左右	81.81%的幼儿能单脚连续向前跳 5 米左右
	能快跑 20 米左右	93.18%的幼儿能快跑 20 米左右
	能行走 1.5 公里左右（途中可适当停歇）	94.09%的幼儿能行走 1.5 公里左右，途中不停歇

从测试结果看，我园中班幼儿目标 1 的平衡能力、动作协调度、灵敏度达标率均超过 85%。目标 2 幼儿的耐力和力量测试具体目标共五项，其中单手将沙包向前投掷 4 米左右，这项测试仅 52.27%的幼儿达标，在今后的教学中应加强幼儿单手投掷沙包项目的指导和训练。

3. 大班幼儿动作能力发展测试结果分析表

项目	具体项目	幼儿发展情况
目标1 具有一定的平衡能力，动作协调、灵敏	能在斜坡、荡桥和有一定间隔的物体上较平稳地行走	92.68%的幼儿能在斜坡、荡桥和有一定间隔的物体上较平稳地行走
	能以手脚并用的方式安全地爬攀登架、网等	95.12%的幼儿能以手脚并用的方式安全地爬攀登架、网等
	能连续跳绳	只有19.5%的幼儿能连续跳绳
	能躲避他人滚过来的球或扔过来的沙包	90.24%的幼儿能躲避他人滚过来的球或扔过来的沙包
	能连续拍球	87.8%的幼儿能连续拍球
目标2 具有一定的力量和耐力	能双手抓杠悬空吊起20秒左右	95.12%的幼儿能双手抓杠悬空吊起20秒左右，有的甚至达到30秒
	能单手将沙包向前投掷5米左右	43.9%的幼儿能单手将沙包向前投掷5米左右，有的才3米
	能单脚连续向前跳8米左右	95%的幼儿能单脚连续向前跳8米左右
	能快跑25米左右	92.68%的幼儿能快跑25米左右
	能行走1.5公里以上（途中可适当停歇）	90.24%的幼儿能行走1.5公里以上

从测试结果分析，我园大班幼儿的目标 1 平衡能力、动作协调度、灵敏度中有四项达标率超过 85%，其中跳绳项目达标率仅 19.5%。目标 2 力量和耐力中有四项达标率达 90%，其中能单手将沙包向前投掷 5 米左右项目达标率仅 43.9%。在今后的教学中应加强跳绳及单手投掷沙包项目的指导和训练。

此次测查共 10 大项，小班幼儿的达标率占 80%，中班幼儿的达标率占 86.2%，大班幼儿的达标率占 79.8%。总的来说，我园幼儿在健康方面的综合素质还是不错的，基本上能够达到《3-6 岁儿童学习与发展指南》中健康活动动作发展目标 1 和目标 2 的要求。这是因为我园地处城乡结合部，在园未达到的训练量，幼儿在田间、院落里都能得到有效的补充锻炼。但是幼儿的动作发展仅靠在家里的锻炼是远远不够的，因为幼儿大部分时间在园活动，加上我园有一部分幼儿属于城市户口，回到家就被父母“关”在家里，活动量极少，因此，开展好幼儿户外体育活动非常重要。而在我们的实际工作中，常常偏重有形的、使用运动器械的活动，形式上热热闹闹，而运动质量却不高。户外体育活动常常流于形式，或停留在精彩的计划上，而真正的实际活动时间和活动质量却得不到保证。因此，要全体达到《3-6 岁儿童学习和发展指南》健康领域中户外体育活动动作发展的目标，我们应切实提升幼儿户外体育活动的质量。

二、促进幼儿的动作发展，提升幼儿户外体育活动质量的策略

1. 挖掘乡土资源，丰富体育活动的材料

我园地处城乡结合部，一草一木、一沙一石等都可以成为可利用的资源，我们的家长大部分来自农村，有着丰富的童年成长经历，我们可以发动家长制作简单、好玩的体育游戏器械，如尾巴、铁环、毽子、手推车、沙包等，我们老师也可利用废旧物品以及辅助材料制作有色彩、有声响的器材。例如：用可口可乐瓶制作幼儿爱不释手的陀螺，用铁丝制作会滚动的铁环，用易拉罐制作练习幼儿平衡能力及训练幼儿胆量的“梅花桩”，用旧轮胎制作练习幼儿动作协调性和灵活性的攀爬墙等。我们还可以为幼儿提供绳、垫子、毽子、皮球、竹子等材料，开展揪尾巴、跳房子、玩呼啦圈、踩小高跷等多种户外体育活动。“巧妇难为无米之炊”，有了丰富的体育活动材料，教师才能带领幼儿开展适合幼儿年龄段的，既有趣又能锻炼幼儿体能的活动。

2. 建立良好的户外体育活动常规

“没有规矩不成方圆”，任何活动的有序开展都离不开规则的约束。提高幼儿户外体育活动的质量，还需进一步建立良好的户外体育常规。如建立器材使用常规，让幼儿知道器材使用后要放回原处；建立玩大型玩具的常规，知道玩大型玩具时不推、不挤他人，人太多时，会等待等；建立玩皮球的常规，只能在指定范围内玩球，不能到处跑，按照老师示范动作玩球，不能乱扔，等等。常规的建立有利于幼儿学会管理自己，形成规则意识，有利于活动的有序进行，从而减少户外体育活动中安全事故的发生率。

3. 提升户外体育活动的针对性和有效性

调查发现，小班的单脚连续向前跳，中班的单手投掷沙包，大班的跳绳及单手投掷沙包是我园户外活动的薄弱项目。教师教学中应加强训练并注意方法的指导和训练的趣味性，例如：单脚连续向前跳的练习，不能每次就单纯地让幼儿跳，可以改为采用“小白兔采蘑菇”“小袋鼠找妈妈”等活动形式，让幼儿

兴趣盎然地参与训练。

4. 调动家长的积极性，优化家庭环境，重视幼儿的体育锻炼

（1）召开家长会，听取家长对孩子参与活动的意见和建议，并进行宣传、研讨，形成幼儿体质锻炼重要性的共识。成立家长委员会，告知家长们幼儿体育锻炼的重要性，并请这部分家长给其他家长做好宣传、示范工作。家长对幼儿园开展体育活动重要性的认识以及所持的态度，将直接影响着孩子参与活动的态度。

（2）对于积极支持幼儿园工作，经常为幼儿制作玩具的家长给予表彰。

（3）利用家教园地，宣传幼儿户外体育活动的重要性和户外体育活动的成效。

（4）开辟 QQ 空间，建立 QQ 群，和家长经常联系，虚心听取他们的意见和建议。上传活动的照片，让家长感受幼儿参与活动的快乐，记录孩子成长的点点滴滴。

5. 抓好备课、上课、课后反思等环节，提升教师户外体育活动的教学质量

（1）认真检查教师的备课本，要求对户外活动的设计要科学、具体、可实施。

（2）在上课的研讨活动中，尽量以户外体育活动为研讨的主题。园长坚持听推门课，有效监控教师的备课与上课是否统一。

（3）坚持写好反思，并且形成研究论文。有反思才有进步，才能让我们的研究更具有目的性、方向性。

（十五）浅谈幼儿园运用多媒体教学的作用

四川省什邡市第三幼儿园　魏筱

《幼儿园教育指导纲要》（以下简称《纲要》）总则指出“幼儿园教育要尊重幼儿身心发展的规律和学习的特点。”目前，教育部印发的《3-6 岁儿童学习与发展指南》（以下简称《指南》）的说明中也明确指出，要“理解幼儿的学习方式和学习特点。幼儿的学习是以直接经验为基础的，要最大限度地满足和支持幼儿通过直接的感知、实际操作和亲身体验获取经验和需要。”幼儿的心理与生理特点决定了幼儿园的教学活动应该采用直观的教学方式，而运用多媒体技术教学，可以使教学信息直观化、形象化和生动化，无疑是在贯彻《纲要》和《指南》精神。

随着现代信息技术的飞速发展，多媒体设备在幼儿园教育活动中的运用越

来越广泛，录音机、幻灯机、投影仪、实物展示台、电脑以及各类教学软件、课件等，逐步成为现代幼儿园集体教学过程中不可或缺的辅助工具。它能以强大的交互功能，突破时空的限制，将声音、图像、文字有机地结合在一起，为幼儿创设一个生动、形象、直观、视听结合的情境。它不仅更新了以往的教学手段和教学方法，同时也更生动全面地展示教材，更好地调动幼儿的学习兴趣，从而提高教学质量。目前，多媒体已广泛应用于幼儿教育领域并发挥着越来越大的作用，归纳起来，主要有以下几方面：

一、运用多媒体教学，能吸引幼儿观察的兴趣，优化教学方法

英国哲学家赫伯特·斯宾塞说："教学要从直观开始，以抽象结束。"真实可感的形象才能激发幼儿学习的兴趣，而多媒体能使教学活动突破时空限制，把文字、图形、图像、动画、音频、视频等多种媒体结合在一起，并提供人机交互功能，使静止的图文视听化，复杂的内容简明化，抽象的思维过程可视化，知识的发生过程动态化。在学习过程中，幼儿对信息的接受处于首要地位，而用传统的教学方法，信息的传递方式过于狭窄、单一，难以激起幼儿的观察兴趣，同时，幼儿接收到的信息质量也不高，因此，他们的观察力和思维力的发展也受到了阻碍。

例如科学活动"大自然中的声音"，我在网上收集了小鸡、小鸭、小狗等动物的叫声，各种车辆的鸣叫声，同伴的说话、哭笑声，天空中雷电风雨的声音，人们走路、拍打东西的声音等。活动中，这些真实的声音不断激发幼儿的兴趣。幼儿对尝试发出各种声音的实验乐此不疲，各自拿着提供的物品不停地敲敲打打，在教室里不断创造性地弄出声音来，而当我把幼儿们玩耍的片断录制下来并播放给他们看时，孩子们个个聚精会神，仔细观察，仔细倾听，兴奋不已，整堂课牢牢抓住了幼儿的注意力，大大激发了幼儿的兴趣，并使得我收放自如地控制了教学秩序，较好地完成了教学目标。

例如社会活动"认识表情"，也是利用电脑灵活、随意的界面交互功能，将人的各种面部表情，如：弯弯的眉、细细的眼、上翘的嘴等表情，逐一向幼儿展示，从而引导幼儿从观察入手，寻找变化规律，让幼儿通过观察直观形象的图片，轻松快乐地学习。

联系在一起，形成最优组合，达到最佳的教学效果。作为一线的教育组织者，只有充分掌握多媒体技术这一现代教育手段，遵循教育教学规律和幼儿认知发展规律，不断探索现代教育技术自身的利与弊，熟练掌握信息技术的基本知识和操作技能，才能使多媒体技术在幼儿教学活动中的作用得到充分发挥，使幼儿积极参与活动，轻松获得知识，达到教学活动最优化的目的。

结 语

在当前教育均衡发展的形势下，幼儿教育受到社会的广泛关注，党和政府高度重视。为提高幼儿教师的基本素质，“幼儿教师国培计划”（2013）——农村幼儿园中青年骨干教师置换脱产研修培训项目，通过“顶岗置换”的方式，旨在为农村幼儿教师搭建一个学习、交流、反思的学习共同体和互动平台。我们在此次“幼儿教师国培计划”（2013）——农村幼儿园中青年骨干教师置换脱产研修培训活动中，发现了问题、总结了经验、收获了成果，希望能为其他的培训者和幼儿教师提供借鉴和参考，为此，我们组织编写了本书。本书既注重对幼儿教育理论的探究，又注重将理论运用于实践；既关注幼儿教育的前沿动态，又关注农村幼儿教师的现实需求。

本书的出版有赖于以下老师的大力支持：四川省教师继续教育西华师范大学培训中心赵正、唐赟、成云、冯光伟老师；西华师范大学教育学院幼儿教师置换脱产培训项目首席专家卢清教授，置换脱产培训项目班主任朴钟鹤、曾彬、刘桂芬老师；培训班助理班主任李勇、廖唐兰等同学。卢清、曾彬、朴钟鹤、刘桂芬、李勇、廖唐兰等承担了本书章节编排和统筹工作，全书由卢清教授统稿并审定。

在此，特别感谢参加本次培训项目的所有专家、学者的无私奉献，以及全体培训学员的大力支持和配合。

还要感谢为本次培训活动提供实践场地和“影子”教师实习岗位的西华师范大学幼儿园、南充市莲池幼儿园、南充市仪凤街幼儿园、南充职业技术学院附属幼儿园等。

由于时间紧迫，加之编者水平有限，书中难免有疏漏之处，恳请读者批评指正。

编 者

2014年8月